KB251418

읽으면 인생이 즐거워지고
즐거움은 새로운 의식을 심어준다

철학만담

철학만담

2018년 3월 23일 초판 1쇄 인쇄
2018년 3월 30일 초판 1쇄 발행

저 자	장석만
펴낸이	정윤성
펴낸곳	SniFactory
편 집	김영애
디자인	이유림
등 록	제2013-000163호 (2013년 6월 3일)
주 소	서울시 강남구 삼성로 96길 6 엘지트윈텔1차 1402호

홈페이지 www.snifactory.com | **이메일** dahal@dahal.co.kr
전화 02-517-9385 | **팩스** 02-517-9386

ISBN   979-11-86306-80-2

ⓒ2017, 장석만

값 12,000원

다할미디어 는 SniFactory (에스앤아이팩토리) 의 출판 브랜드입니다.
이 책은 저작권법에 따라 보호받는 저작물이므로 무단전재와 무단복제를 금지하며,
이 책 내용의 전부 또는 일부를 이용하려면 반드시 저작권자와
SniFactory (에스앤아이팩토리)의 서면동의를 받아야 합니다.

읽으면 인생이 즐거워지고
즐거움은 새로운 의식을 심어준다

철학만담

지은이 **장석만**

다훌미디어

Prologue

삶이 그대를 속일지라도

푸쉬킨

삶이 그대를 속일지라도
슬퍼하거나 노하지 말라!
우울한 날들을 견디면
믿으라, 기쁨의 날이 오리니

마음은 미래에 사는 것
현재는 슬픈 것
모든 것은 순간적인 것, 지나가는 것이니
그리고 지나가는 것은 훗날 소중하게 되리니

필자는 이 시를 독자들에게 추천한다. 사람이 살아가는 동안 때론 이 시를 읊으면서 오늘의 삶에 대한 의식을 새롭게 고취시키는데 적지 않은 도움이 되리라 믿는다.

2018년 3월에
장 석 만

CONTENTS

관계에 대한 철학만담

"물이 너무 맑으면 고기가 살지 않고 견책이 너무 심하면
사람이 모이지 않게 된다고 합니다. 군자가 보면 소인들이 하는 짓은
뻔한 일입니다. 큰 도량으로 대처함으로써 모든 일이 원활하게 풀려나갑니다.
옛날 한나라의 조참曹參이 옥과 시를 신중히 관리하는 것은 그것이 선과 악을
포용하는 장이었기 때문입니다. 여기에 필요 이상의 엄한 태도로 임하게 되면
악인들은 궁지에 몰린 쥐처럼 발악할 것입니다. 이번 경우도 분부하신 대로
일부러 긁어 부스럼내는 것 같은 일은 하지 않아야 합니다."

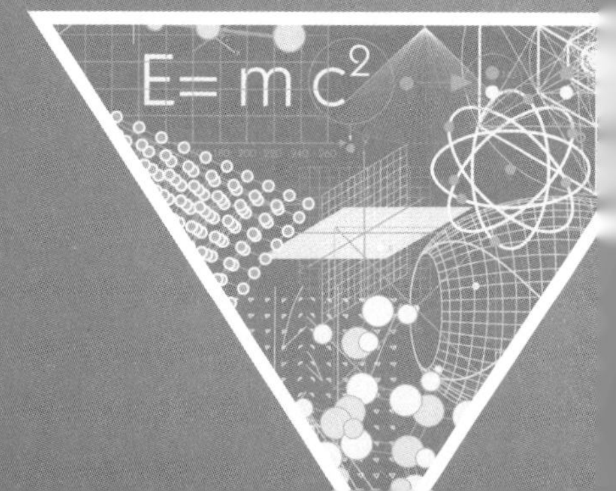

1. 치밀하게 계획하는 자가 믿음을 준다

하루는 공자孔子가 제자인 안회顏回에게 이렇게 말했다.

"왕이나 제후에게 쓰여지면 전력을 다하겠지만 만일 받아들여지지 않을 때는 조용히 지켜봐야 한다. 이러한 경지에 다다른 것은 나와 너뿐이다."

곁에 있던 자로子路도 공자의 말을 듣고 있었다. 자로는 마음먹은 대로 행동하는 스타일로서, 학문은 미흡했지만 무술은 뛰어난 용맹스런 남자였다. 그는 스승인 공자를 위해서라면 목숨도 바칠 마음이 있었기에, 충심에 있어서는 자신을 능가할 만한 자는 없다고 자부하고 있었다. 그래서 자로는 스승의 말을 듣고 질투를 느껴 이렇게 물었다.

"대군을 움직여 전쟁에 임하는 경우 선생님은 누구와 함께 하시겠습니까?"

자로는 "그것은 바로 너다." 라는 말을 듣고 싶었다. 하지만 공자는 자로의 마음을 알면서도 대답은 다음과 같이 하였다.

"맨 손으로 호랑이 굴에 뛰어 들어가 황하를 걸어서 건너겠다는 무모함은 곤란하다. 나는 반드시 승리할 수 있는 주의깊고 면밀한 계획을 세우는 사람 쪽에 기댈 것이다."

공자 BC 551 - BC 479
중국 춘추시대 사상가. 교육가. 유교의 개조로 덕치정치를 강조했다. 제자들이 그의 어록을 기록한 『논어』가 있다.

2. 무례함에도 웃는 얼굴로 대하다

어느 날, 미국의 제18대 그랜트^{Grant Ulysses, 1822 - 1885} 대통령이 전용 열차를 타고 워싱턴으로 향하고 있었다. 역에서 잠시 정차했을 때 어떤 부인이 급히 열차에 오르더니 서둘러 그랜트 옆자리에 앉았다. 그녀는 자신이 탄 열차가 대통령 전용열차라는 사실도, 옆 사람이 대통령이라는 사실도 전혀 알지 못하고 있는 것 같았다. 그 부인은 담배를 피우고 있던 대통령을 보며 얼굴을 찡그린 채 말했다. "저는 담배 연기를 싫어해요. 꺼주시지 않겠어요?" 그랜트는 문득 '이 열차는 내 전용열차요.' 라고 설명하려다가 생각을 바꿔 웃으며 담배를 껐다. 열차가 다음 역에 도착했을 때 역장이 그랜트에게 인사를 하러 왔다. 그는 대통령 옆에 있는 낯선 부인을 보고 놀라 부인의 귀에 속삭였다.

"이건 대통령의 전용열차예요. 그리고 저 사람은 대통령이구요." 라고 알려주었다. 부인은 그만 눈이 동그래지며 두 볼이 새빨개졌다. "정말 죄송합니다." 부인은 사죄하고는 도망치듯 다른 열차로 갈아탔다. 그랜트는 끝까지 온화한 태도로서 고개를 끄덕이며 웃는 얼굴로 부인을 전송했다.

율리시스 그랜트 Ulysses Simpson Grant
미국의 제18대 대통령으로 1869년부터 1877년까지 재임하였다.

3. 대접을 받을 줄도 알아야 한다

한번은 공자가 자공子貢, 자로子路와 함께 여행을 하다가 길을 잃어 산 속 오두막집에서 쉬게 되었다. 늙은 주인은 콧물을 들이 마셔가며 흙 냄비에 좁쌀죽을 쑤어 이 빠진 그릇에 담아 나그네들에게 대접을 했다.

더러운 주인의 손과 그릇을 본 제자들은 식욕이 떨어졌는데 식성이 까다롭기로 소문난 공자는 오히려 맛있게 먹고 있었다. 제자를 본 공자는 말했다.

"너희들이 이 빠진 그릇이나 콧물만 보고 그 노인의 성의와 친절을 받아들이지 못하다니 참으로 슬프구나. 대접할 줄도 알아야 하지만 받을 줄도 알아야 하는 법이다."

4. 관포지교管鮑之交

춘추시대 제나라, 왕을 보좌하는 관중管仲과 포숙아鮑叔牙라는 두 사람이 있었다.

두 사람은 젊었을 때부터 아주 가까워 세상에 둘도 없는 친구 사이였다. 그들이 동업으로 장사를 했을 무렵 관중이 돈을 더 많이 차지하였지만 포숙아는 그를 욕심쟁이라고 여기지 않았다.

또 관중이 여러 번 파면되었을 때에도 포숙아는 그를 무능하다고 욕하지 않았다. 일에는 운과 불운이 함께 존재한다는 것을 포숙아는 알고 있었기 때문이다.

심지어 전쟁이 날 때마다 관중이 도망쳐 왔어도 비굴하다고 비난하지 않았다. 관중에게는 늙은 어머니가 있음을 잘 알고 있었기 때문이었다.

뒷날, 춘추오패의 하나인 환공을 도와 천하를 움직이는 위대한 정치가가 된 관중은 이렇게 말하였다.

"나를 낳아준 것은 부모지만 나를 알아 준 것은 포숙아이다."

5. 우정으로 살아난 처칠

런던에 살던 도시 소년은 시골에 여행을 갔다. 혼자 시냇가에서 물장난을 치던 소년은 그만 물에 빠지고 말았다. 헤엄을 칠 줄 모르는 소년은 계속 허우적거리고 있었다. 마침 이 냇가를 지나던 한 시골 소년이 물에 빠져 애를 먹는 모습을 보고 급히 뛰어들어 도시 소년을 구해주었다. 고마움을 표현하는 도시 소년을 보고 시골소년은 당연히 해야 할 일을 했다며 간단히 자신의 이름을 말해주고 헤어졌다.

10여년의 세월이 흘렀지만 도시 청년은 자신을 죽음으로부터 건져 준 시골 청년을 잊을 수가 없었다. 어느 날, 도시 청년은 그때 그곳을 다시 찾아가 자신을 살려준 시골 청년을 찾았다. 하지만 그는 도시 청년을 금방 기억하지 못했다. 겨우 기억을 해낸 시골 청년에게 도시 청년은 미래 소망이 무엇이냐고 물었다.

시골 청년은 의사가 되고 싶지만 가정형편이 어려워 뜻을 이루기 어려울 것 같다고 말하였다.

　이 말을 들은 도시 청년은 런던으로 돌아와 아버지에게 자초지종을 이야기 하였고, 그 시골 청년을 데려다가 의학 공부를 시켜줄 것을 간청하였다. 부자였던 아버지는 흔쾌히 승낙을 하여 시골 청년을 의과대학에 보내고 의학박사가 되게 하였다. 의사가 된 시골 청년은 다름 아닌 페니실린을 발명한 알렉산더 플레밍 박사Alexander Fleming이며, 그를 도와준 도시 청년은 윈스턴 처칠경이었다.

　1940년 5월, 독일군 침공당시 풍전등화처럼 어려운 시기에 영국의 수상이 된 처칠은 수상 취임 후 중동 지방의 전황을 살피려고 출장을 다니던 중 뜻하지 않게 폐렴에 걸렸다. 그때 당시 이 병은 무조건 죽을 수밖에 없었던 병이었다. 하지만 플레밍 박사가 발명한 페니실린이 처칠의 폐렴을 고칠 수 있었다.

플레밍Alexander Fleming
1881~1955 영국의 세균학자. 1928년 페니실린을 발견하여 감염성 질병에 대한 항생제 치료법이 효과적으로 실행될 수 있는 길을 열었다. 1939년부터 플레밍의 기본적인 발견들을 더욱 진전시켜 페니실린을 분리·정제하고 시험했을 뿐만 아니라 1945년 노벨 생리학·의학상을 공동 수상했다.

6. 너그러운 마음의 누사덕

『채근담』에 보면 당나라의 누사덕婁師德은 대단히 너그러운 성품의 소유자이다. 어느 날 벼슬에 올라 지방으로 내려가게 된 조카에게 언행을 삼갈 것을 충고하면서 "총애와 영광이 이미 극에 이르렀으니 사람들이 시샘할 것이다. 어찌 스스로 조심하지 않겠는가寵榮己極 人所嫉也 何以自免"라고 말했다. 또한

"넌 지방에 내려가서 처신을 어떻게 할 것인가?"라고 묻자,

"남이 얼굴에 침을 뱉으면 손으로 닦고 대하지 않겠습니다."라고 조카가 대답하였다. 그러자 누사덕은 조카에게 이렇게 타일렀다.

"그것은 안 될 말이다. 닦으면 그 사람이 노할 것이니, 그대로 말려야 한다." 이것이 유명한 '타면자건唾面自乾'이라는 고사성어로, 처세에는 인내가 필요함을 비유하여 이르는 말이다.

세상을 살아가는 데는 항상 한 걸음 물러설 줄 알아야 한다. 물러서는 것은 곧 나아가는 밑천이다. 또한 사람들 대하는 데는 항상 너그러워야 한다. 남을 이롭게 하는 것은 곧 자기를 이롭게 하는 것이다.

누사덕婁師德

당나라 정주 원무 사람. 자는 종인宗仁이다. 태종 정관貞觀 중에 진사 시험에 급제했다. 고종 상원초에 감찰어사에 올랐다. 변방 요충지에서 장상將相으로 30여 년을 근무하면서 많은 공을 세웠다.

7. 진실로 자기를 알아주는 벗, 지음^{知音}

백아^{伯牙}는 거문고의 명인이었다. 그의 친구인 종자기^{鍾子期}는 백아가 음악으로 표현하려는 것을 너무 잘 이해하였다. 백아가 높은 산을 떠올려 거문고를 타면 종자기는 그의 음악세계를 말했다.

"아, 좋구나. 그 치솟은 모양이 마치 태산과 같구나!" 또 백아가 굽이쳐 흐르는 물줄기를 떠올려 연주하였을 때는 이렇게 말했다. "좋구나. 마치 강물이 눈앞을 지나가는 것 같구나!"

한번은 백아가 슬픔에 잠겨 한 곡조를 뜯자 종자기는 슬픔에 젖어 눈물을 흘렸다. 그러자 백아는 감탄하며 말했다. "아아, 자네의 음악 감상은 가히 신에 가깝구려!" 그후, 종자기가 죽자 백아는 밀려드는 슬픔으로 몸을 가누지 못할 정도였다. 백아는 거문고를 부수고 줄을 끊은 다음 평생 거문고를 타지 않다고 한다. 지음^{知音}이란 바로 백아와 종자기의 일에서 유래된 말인데 진실로 자기를 알아주는 벗, 즉 지기지우^{知己之友}라는 뜻으로 통한다.

8. 그 아버지에 그 아들

어느 추운 겨울날, 자권^{子權}은 아버지와 함께 외출을 했다. 아버지는 자꾸 오들오들 떠는 자권을 보고 못마땅하여 꾸짖었다. "사내 녀석이 이런 추위도 못 견디고 벌벌 떨다니." 그럼에도 자권은 아무 대꾸도 하지 않았다. 문득 아버지는 자권이 입고 있는 옷을 한번 만져 보았다. "아니, 홑옷을 입지 않았느냐? 이런 날씨에 솜을 두둑이

넣은 옷을 입어도 추울 텐데 홑옷을 입고 있다니!" 자권의 아버지는 새로 얻은 아내가 제가 낳은 자식에게만 잘해주고 자권에게는 정을 주지 않는 사실을 진작부터 알고 있었다.

그렇지만 이렇게 추운 겨울 날씨에 홑옷을 입힌 것을 본 아버지는 불끈 화가 치밀어 올랐다. "어디 가서 보자! 내 지금 당장 집으로 돌아가서 네 계모와 헤어지겠다!" 아버지는 즉시 말머리를 돌려 집으로 되돌아가려고 했다. 그러자 자권이 얼른 아버지의 말고삐를 붙잡고 조용히 말했다. "만일 어머니와 헤어지신다면 당장 세 동생이 또 다른 계부 밑에서 울게 되지 않겠어요? 하지만 어머니를 그대로 내버려 두시면 저 하나만 참으면 됩니다. 아버지, 세 동생이 모두 가엾게 되느니 차라리 혼자서 참고 견디겠어요." 아버지는 자권의 말에 괴로운 듯 신음소리를 냈다. "그러니 아버지께서는 오늘 일을 모르는 체 하시는 것이 좋겠어요." 아버지는 자권이 하도 기특하여 눈시울을 붉히며 자권의 등을 어루만져 주었다.

그날, 아버지는 집으로 돌아와서 자권이 없는 틈을 타 계모에게 오늘 자권과 주고받았던 이야기를 들려주었다. 계모는 남편의 말을 듣고는 얼굴을 붉히며 고개를 푹 숙였다. 다음날부터 계모는 자신이 낳은 세 아들보다도 자권을 더욱 극진히 보살펴 주었다.

자권子權
공자의 제자 가운데서도 사랑과 신뢰를 가장 많이 받은 제자

9. 너그러움^{관,寬}과 엄함^{맹,猛}

현명한 정치를 펼치기로 이름 높은 태종이 어느날 수문에 종사하는 자가 관가의 물자를 훔쳐 몰래 다른 곳으로 팔아 넘긴다는 상소를 받고 측근에게 말했다.

"이익을 남겨 먹으려고 악착같이 달려드는 이들을 완전히 근절하기란 어려운 일이다. 그것은 마치 맛있는 음식을 한상 차려놓고 달려드는 파리떼를 쫓는 것과도 같은 것이다. 눈에 띄는 자만 적발하면 그것으로 족하다. 선원들이 조금쯤 횡령한다고 해도 공무에 지장이 없는 한 너무 엄하게 추궁하지 말라. 중요한 것은 관가의 물자가 막히지 않고 운송되도록 하는 것이다."

재상인 여몽정^{呂蒙正}도 이렇게 말하며 태종의 말에 동의를 표시했다.

"물이 너무 맑으면 고기가 살지 않고 견책이 너무 심하면 사람이 모이지 않게 된다고 합니다. 군자가 보면 소인들이 하는 짓은 뻔한 일입니다. 큰 도량으로 대처함으로써 모든 일이 원활하게 풀려나갑니다. 옛날 한나라의 조참^{曹參}이 옥과 시를 신중히 관리하는 것은 그것이 선과 악을 포용하는 장이었기 때문입니다. 여기에 필요 이상의 엄한 태도로 임하게 되면 악인들은 궁지에 몰린 쥐처럼 발악할 것입니다. 이번 경우도 분부하신 대로 일부러 긁어 부스럼내는 것 같은 일은 하지 않아야 합니다."

어느 날, 태종은 여몽정에게 이런 말을 했다. "나라를 다스림에 있어서 관너그러움과 맹엄함의 어느 한쪽에라도 치우치면 백성은 손발을 마음대로 놀릴 수가 없게 된다." 지나치게 관용해도 안 되고 지나치게 엄해도 안 된다. 양쪽을 알맞게 겸하고 있는 중간적인 상태가 좋다는 뜻이 된다.

> **여몽정**呂蒙正
> 북송 때 하남 사람. 자는 성공聖功이다. 태종 태평흥국 2년977 진사제일進士第一로 합격하고, 저작랑著作郎과 한림학사翰林學士를 거쳐 참지정사參知政事에 올랐다. 후에는 재상에 오르기도 하였다. 중망重望이 있었고, 직언을 서슴지 않았다. 사람을 볼 줄 알아 부필富弼을 중용했고, 조카 여이간呂夷簡을 천거했는데, 모두 나중에 명재상이 되었다.

10. 이익과 정의의 유대관계

1949년 초, 중국인민해방군의 강력한 공격 하에 북경을 수비하고 있던 국민당 부작의傳作義 장군은 당시 북경을 포위하고 있던 인민해방군과 협상하여 평화적으로 북경을 해방시켰다. 50여 만명의 관병을 이끌고 귀환한 부작의의 결단으로 인해 역사 고도 북경의 고성 문화들이 무사히 보존될 수 있었다. 모택동은 부작위가 의서를 통해 중국인민을 위한 위대한 공적을 세웠다고 높이 평가하였다.

1949년 2월 21일 저녁. 모택동은 부작의의 손을 꼭 잡은 채 "우리가 전쟁터에서 만났던 것이 어제 일같이 생생한데 오늘은 이렇게 헤어지고 싶지 않은 가까운 사이가 되었군요." 라고 말하였다.

모택동의 짧은 몇 마디 말은 부작의의 생각을 단번에 꿰뚫었다. 의거를 일으킨 후 한 달여간 줄곧 부작의의 마음을 덮고 있던 의심과 근심이 순식간에 사라졌다. 모택동의 이 말은 이미 그의 지난 잘못들을 묻어버리고 그들은 이미 벗이자 가족이 되었다는 것을 의미했기 때문이다.

모택동은 부작의가 의거했기 때문에 북경의 평화적 해방과 문화고도의 보존이 가능했으며 2백만 북경 시민들의 재산과 생명을 지킬 수 있었다는 것을 재차 칭찬했다. 모택동은 부작의가 천년문화고도의 새로운 탄생을 위해 큰 공을 세웠다고 생각했다.

전 중국이 해방된 후 줄곧 자신이 인민들에게 죄를 지었다고 생각한 부작의는 수감생활을 자행했으나 모택동은 그의 죄를 묻지 않았고 그후에도 줄곧 공산당의 중요 보직에 임하게 했으며 그에 대한 관대함과 신뢰를 과시했다.

부작의傅作意
중국의 군인 · 정치가. 1949년 1월 화북 총사령관으로서, 적대하고 있던 중국군에 항복하고, 북경 개성에 협력. 국방위원회 부주석을 역임하였다.

11. 위협과 온화함을 병용하는 술책

청나라 말, 당시 총독인 관문官文은 조정에서 큰 세력을 갖고 있었다. 반면 자희태후는 염군捻軍의 세력 확장으로 국정이 불안한 상황이어서 큰 고민에 빠져 진퇴양난의 처지에 놓여 있었다.

이때 증국번曾國藩은 부드러움으로 강함을 이기는 전략을 활용하여 관문의 진급을 추천하는 내용의 상소문을 자희태후에게 올렸다. 총명한 자희태후는 증국번이 상소문을 올린 것은 바로 두 세력 간의 대립이 지속되지 않게 그들의 화해를 도모하고자 하는 증국번의 전략임을 알고 크게 안심했다. 자희태후는 증국번의 체면을 세워주는 동시에 분쟁의 해결을 위해 양 진영의 화해를 주선했다. 이에 관문을 수도로 불러들여 대학사로 삼아 형부를 주관하게 하고 정백기正白旗 몽고도청의 직무를 겸임시켰다. 또한 이홍장을 호랑총독으로 임행했다. 한바탕 큰 폭풍을 몰고 왔을지도 모를 사건은 증국번의 술책으로 인해 이렇게 양측이 만족한 채 수습이 되었다.

증국번曾國藩, 1811 - 1872
중국 청말의 정치가 · 학자. 자는 척생滌笙, 호는 백함伯涵. 호남 사람. 태평천국의 난에 공을 세우고, 양무운동洋務運動에 노력한 동치중흥同治中興의 공신임. 저서에 『증문정공전집曾文正公全集』156권이 있음.

정백기正白旗
청대 팔기八旗 중 하나로 양황기 · 정황기와 함께 상삼기上三旗로 분류되어 정백기는 만주 · 몽골 · 한군의 3부분으로 나뉜다.

12. 신의 때문에 죽은 사나이

노나라에 미생尾生이라는 사람은 남과 약속을 하면 무슨 일이 있어도 반드시 지키는 것으로 유명했다.

어느 날, 미생은 한 여인과 만날 약속을 했다.

"내일 밤, 개울 다리 밑에서 만나요."

미생은 일 분도 늦지 않고 약속 장소에 갔다. 그러나 그 여자는 약속 시간이 지나도 그 장소에 나타나지 않았다.

미생은 약속 시간이 지났는데도 여자가 나타나지 않아 다소 속이 상했지만 참을성 있게 기다렸다. 여자를 기다리는 동안 밀물로 인해 개울물이 점점 불어서 다리 밑에 있는 미생의 몸이 서서히 잠기게 되었다. 발에서 무릎, 무릎에서 가슴, 드디어 물이 머리 위까지 올라와 정신없이 교각에 매달렸으나 그 약속 때문에 결국 익사하고 말았다.

이 이야기는 청춘 남녀들의 데이트의 에티켓을 말하기 위함이 아니다. 신의를 지키기 위해 죽으면서도 약속을 지키는 것이 과연 옳은 일인가?

13. 친구 마음을 헤아리는 장자

양나라 재상인 혜자惠子가 친구인 장자莊子가 찾아온다 하여 기뻐하고 있는데 그의 측근 중 한 사람이 은밀히 말했다.

"장자가 온 김에 임금을 만나면 임금이 혹 그를 더 신임하여 재상

자리를 빼앗기게 되는 것 아닐까요?"

이 소리를 듣고 내심 걱정이 된 혜자는 어찌해야 할까 하고 고민을 했다.

장자는 이 사실을 알고 예정보다 빨리 혜자를 찾아왔다.

별로 반가워하는 기색없이 어색해하는 혜자에게 장자가 말을 꺼냈다.

"저 남쪽지방에는 원추라는 새가 사는데 철새라서 여름이면 북으로 이동을 한다네, 그런데 그 새는 성격이 고고해서 오동나무가 아니면 머물지 않고 멀구슬나무 열매가 아니면 먹지 않으며 감로천이 아니면 마시지 않는다네. 그런데 썩은 쥐를 얻은 올빼미 한마리가 머리 위로 원추가 지나가자 혹 먹이를 빼앗기지 않을까 불안해져서 위를 올려다보며 '저리 가!'하고 소리를 질렀다는 거야, 지금 자네도 자네의 벼슬자리를 내게 빼앗길 염려가 되어 '저리 가!'하고 소리를 지를 것인가?"

14. 술 한 잔이 부른 화

어느 제나라 대부 이사는 임금을 모시고 술을 마시다가 몹시 취하여 대궐문에 기대어 서있었다. 형벌을 받아 발을 잘린 꼴을 하고 있는 문지기가 대부 앞에 와서 말을 하였다.

"대부님, 남은 술 한 잔만 주시지 않으시겠습니까?"

이사가 화를 버럭 내며 꾸짖었다.

"저리 비켜라. 죄수 출신인 놈이 어떻게 감히 대부에게 술을 달라고 한단 말이냐."라며 나가버렸다.

이사의 말이 너무 괘씸한 문지기는 대궐문에 물을 흘려 마치 누군가가 문에 대고 오줌을 갈긴 것처럼 보이게 했다.

이튿날, 임금이 그것을 보고 노여워 소리쳤다.

"누가 감히 여기다가 오줌을 누었느냐?"

문지기가 아뢰었다.

"누가 오줌을 누었는지는 보지 못하였습니다만 어제 대부 이사가 여기에 서 있었습니다."

이 일로 왕은 이사에게 벌을 주고 사형에 처했다고 한다.

15. 공자가 싫어하는 사람

어느 날, 제자 자공子貢이 스승 공자孔子에게 이렇게 물었다.

"선생님께서는 어떤 유형의 사람을 싫어하십니까?"

"내가 싫어하는 유형은 세 가지가 있네.

첫째는 남의 나쁜 점을 말하기 좋아하는 사람. 즉 타인의 실패를 즐거워하는 자.

둘째는 남의 밑에 있으면서 윗사람을 비방하는 사람. 즉 부하로서 상사의 험담을 늘어놓는 자.

셋째는 용감하기만 하고 난폭한 사람 즉 난폭함을 용기로 잘못 알고 있는 자일세." 라고 공자가 말하였다.

『논어』에 나온 이 일화의 교훈은 『채근담』에서도 볼 수 있다.

"더러워진 땅에는 작물이 자라지만 너무 깨끗한 물에는 물고기가 살지 않는다. 더러운 것도 과감히 받아 들이는 도량이 있어야만 군주라 할 수 있다. 독선적인 결벽을 피해야 한다."

16. 발 없는 말이 천리 간다

위나라 대부 극자성棘子成이 이렇게 말했다.
"군자는 바탕質, 본질만 있으면 되지, 어찌 문채文, 형식로서 뽐낼까 보냐?"
이 말을 들은 자공子貢이 말했다.
"애석하군요. 군자에 대한 당신의 입소문은 아마 네 마리 말이 끄는 수레로도 따라잡기 못할 겁니다. 문채가 오히려 바탕과 같고 바탕도 오히려 문채와 같다면 호랑이나 표범의 가죽 털도 개나 양의 가죽털과 같을 겁니다."
공자는 이 바탕과 문채의 관계에 대해서 말하길, 바탕과 문채가 서로 조화를 이루어야 하는 바 즉 우아하면서도 질박해야 한다는 것이다.
네 마리 말이 끄는 수레도 혀 보다 빠르지 않다는 것은 바로 사람들 사이에 퍼지는 입소문이 그 어느 것보다 빠르다는 것으로 항상 말조심을 해야 한다는 것이다. 이를 고사성어로 사불급설駟不及舌이라고 한다.

17. 한비자 군주론

한비자韓非子는 군주에는 상·중·하의 세 가지 수준이 있다고 했다.
삼류의 군주는 자신의 능력을 사용하고 이류의 군주는 타인의 힘을 사용하고 일류의 경영자는 타인의 능력을 사용한다고 했다.
그에 대해 한비자는 이렇게 설명하였다.

"한 사람의 힘으로는 다수의 힘을 당해낼 수 없다. 한 사람의 지혜로는 모든 것에 주의가 미치지 못한다. 그래서 한 사람의 지혜와 힘을 쓰기보다는 온 나라의 지혜와 힘을 쓰는 편이 낫다. 한 사람의 생각만으로 일을 처리하면 더러 성공할지라도 그 피로가 너무 크다. 만일 잘못되는 경우 그 한 사람밖에 일을 모르므로 다시 처리한다고 해도 혼자 동동거릴 수밖에 없게 된다. 닭이 아침을 알리고 고양이가 쥐를 잡듯이 부하 한 사람 한 사람에게 능력을 발휘시키면 윗사람이 직접 손을 댈 필요가 없다. 윗사람이 자기 혼자서 능력을 발휘하면 일은 부드럽게 진행되지 않는다.

이렇게 윗사람은 말없이 위엄을 지키면서 부하를 이끌어나가는 것이 이상적인 조직 관리이다. 단 그것이 성립되기 위해서는 법法, 술術, 세勢의 세 가지를 확실히 장악할 필요가 있다. 특히 술을 터득하여 부하를 잘 조정해 나가야한다."

한비자韓非子, 약 BC 280 - BC 233
이름은 한비로, 전국 말기 한韓 출신이다. 원래는 한나라의 공자로 순자荀子에게 배운 중국 고대의 이름난 사상가이자 법가 학파를 대표하는 인물이다.

18. 아첨꾼

죠셉 에디슨 ^{Joseph Addison}은 친구 스탄간에게 돈을 빌려 준 일이 있다.

돈을 빌려 간 그날부터 스탄간은 에디슨의 주장이면 무엇이나 "옳은 말씀입니다."라고 찬성을 했다. 에디슨은 친구의 그런 태도가 불쾌하기 짝이 없었다.

그러던 어느 날, 또 한 차례 그와 같은 일을 당한 에디슨은 벌컥 화를 내며 소리를 질렀다.

"자네, 속 시원하게 반대를 하든가, 그렇지 않으면 빌려간 돈을 즉시 돌려주게."

에디슨의 말에 스탄간은 머리를 숙이고 아무 말이 없었다.

그리스의 철학자 소크라테스는 "아첨꾼에게 쫓기고 있기 보다는 차라리 까마귀의 밥이 되는 편이 낫다. 까마귀는 시체를 쪼아 먹지만 아첨꾼은 생사람을 먹어 치운다." 라고 아첨꾼에 대해 말했다.

19. 솔선수범을 보인 관우와 장비

삼국시대 마초 ^{馬超, 175 - 222}는 유비에게 투항한 후 평서장군, 후에 다시 오호대장군으로 봉해졌다. 이렇듯 유비의 환대를 받게 된 마초는 군신의 예를 소홀히 하여 심지어 유비의 이름을 거리낌 없이 함부로 불렀다.

이에 관우는 군신의 예를 모르는 마초를 죽이겠다고 했다. 하지만 유비는 마초를 죽이는 것은 옳지 않다고 생각은 하면서도 그렇다고 마초의 방자한 행동을 그대로 두고 볼 수도 없었다. 이때 장비가 한 가지 계책을 생각했다.

어느 날, 유비가 모든 장수들을 소집하자 관우와 장비는 칼을 차고 지극히 정중한 자세로 유비 곁에 서서 그를 호위했다. 유비의 막사로 들어선 마초는 관우와 장비가 자리에 없는 것을 보고 고개를 들어 주위를 살폈다.

그때 유비 뒤에서 호위하고 있는 관우와 장비를 발견하고는 소스라치게 놀랐다. 지위는 물론이고 유비와의 관계 등 어느 모로 보나 자신과는 비교도 되지 않는 관우와 장비가 그토록 군신의 예를 다하고 있는 모습을 보자 그는 자신의 경솔한 행동을 생각하지 않을 수 없었던 것이다. 이때부터 마초는 유비에 대해 예의에 어긋난 행동을 하지 않았다.

마초馬超
중국 삼국시대 촉한의 장수. 부풍군 무릉현 출신이며 자는 맹기孟起이다. 마초가 후한에 반란을 일으키자 부친 마등馬騰이 조조曹操에게 참수당하였다. 한수韓遂와 연합하여 조조와 싸웠지만 조조의 계략으로 패하였다. 만족蠻族 사람들을 모아 양주를 거점으로 세력을 다시 확대하였으나 실패하고 촉한의 유비에게 투항하여 촉한의 장수가 되었다. 관우·장비·조운·황충과 함께 촉한의 오호장군五虎將軍으로 불렸다.

20. 주은래의 인간적 매력

1937년 6월, 주은래周恩來가 노산에서 큰 위험에 빠져 있어 그를 호위하던 10여 명의 경호원들이 모두 목숨을 잃은 일이 있었다. 그후 주은래는 그때 살아남은 3명의 동지들과 기념사진을 찍었다. 그는 사진 뒤편에 "노산에서 단 네 명만이 남다." 라고 써서 항상 자신의 윗저고리 주머니에 간직하고 다녔다. 이 사실은 그가 병으로 세상을 떠나고 나서야 세상에 알려졌다.

주은래기 암수술을 받으려고 기다리구 있던 때였다. 그때 운남의 한 광산 노동자가 폐병으로 고통받고 있다는 소식을 들은 그는 수술실에 누워서도 의료진들에게 빨리 가서 그 노동자를 진찰하라고 하였다. 당시 북경의료원 이빙 원장은 주은래의 말을 듣고는 눈물을 흘리며 한참을 바닥에 꿇어앉아 일어서지 못했다고 한다.

"한 방울의 은혜가 용천수가 되어 돌아온다."는 말은 바로 주은래의 인간적인 매력을 느끼게 해주는 말이다. 그가 세상을 떠나자 영결식장에는 꽃을 든 사람들이 구름처럼 몰려들어 1미터 폭의 긴 양탄자가 사람들의 눈물로 흥건히 젖었다.

총리를 떠나보내기 위해 길거리에 나온 사람들의 행렬이 10리에 걸쳐 끝도 없이 이어졌다. 이렇게 하늘도 땅도 그의 죽음을 슬퍼한 것은 모두 그의 인간적인 매력에 따른 것이다.

주은래周恩來, 1898 - 1976
중국 정치가. 장쑤성江蘇省 화이안淮安에서 출생하였다. 항일전이 발발한 후 공산당의 대표로서 국민 정부의 국방 위원회등 요직에 있으면서 국공관계의 처리를 맡아 탁월한 정치적·외교적 수완을 발휘했다. 문화 대혁명을 거쳐 최후까지 공산당에서 지도적 위치를 유지하면서 국내외의 중요한 여러 문제를 해결하였다.

21. 링컨의 용병술과 말벌

싫어하는 사람과 어쩔 수 없이 왕래하는 일은 재미도 없고 시간 낭비일 뿐이다. 이럴 때 용기를 내어 그와 승부를 가진다면 아마도 상대가 쉽게 물러설 것이다.

"당신의 이런 말들은 전혀 듣고 싶지 않아요.", "당신의 이런 말은 내게 아무 소용이 없어요.", "이런 말은 정말 듣기 힘들어요.", "다음에 다시 이야기해요!", "이런 일은 나도 알아요!"

이 다섯 가지 얘기 가운데 첫 번째가 가장 효과적인 말이지만 시간과 장소, 그리고 상대를 봐가면서 적절하게 사용해야 한다. 이렇게 말하면 상대가 곧바로 도망가지는 않더라도 아마 눈치 빠르게 슬그머니 사라질 것이다.

1860년, 대통령에 당선된 에이브러햄 링컨은 새먼 체이스를 재무장관으로 임명했다. 그런데 그 결정을 반대하는 이들이 적지 않았다. 새먼은 비록 능력이 뛰어나지만 안하무인眼下無人이었기 때문이다.

새먼은 대통령 선거에 출마했다가 링컨에게 패한 뒤 항상 링컨에게 불만을 품고 있었고 언젠가 꼭 그의 자리를 차지하고야 말겠다는 야심으로 가득 차 있었다.

당시 미국내는 노예해방운동으로 인한 전쟁중이었기 때문에 자금조달이 중요했다. 재무장관으로 임명된 체이스 장관은 은행가인 제이 쿡의 힘을 빌려 전쟁비용의 70%를 채권발행으로 조달했다. 쿡은 분할과 일반공모라는 방법으로 발행한 채권으로 애국심에 호소해 5억 달러의 국채를 거뜬히 팔았다. 아울러 체이스는 미국 최초로 소득세를 도입하고 현 달러화의 원형이 된 연방은행권도 발행했다. 이때 발행한 지폐의 뒷면이 녹색이었기 때문에 '그린백'으로 불렸다. 이제까지 미국은 은행마다 은행권을 발행했는데, 그린백이 등장하면서 전국적으로 화폐의 통일을 가져왔다.

그래서 체이스를 못마땅해하며 자기를 걱정해주는 이들에게 링컨은 이렇게 말해주었다. "시골에서 자란 사람들은 말벌에 대해 잘 알고 있을 것입니다. 한번은 형과 함께 옥수수밭을 갈고 있었죠. 내가 앞에서 말을 끌고 형은 뒤에서 보습을 잡았지만, 말이 늙어서 그런지 자꾸 늑장을 부리기에 한 대 때려주고 싶었습니다. 근데 어찌된 영문인지 이 녀석이 갑자기 재빨라지는 겁니다. 내가 미처 따라잡지 못할 정도로 말입니다. 밭고랑 끝까지 끌려가서야 숨을 몰아쉬며 살펴보니, 아 글쎄 말 잔등에 큰 말벌 한 마리가 붙어있지 뭡니까? 내가 얼른 그 말벌을 때려잡았더니 형이 나를 나무라는 거에요. 말이 불쌍해서 그랬다고 하자 형이 그러더군요. 그 말벌 덕분에 이 놈이 빨리 뛰었던게 아니냐 라고요. 만약 지금 '대통령병' 이라고 하는 말벌이 새먼의 등위에 앉아 있다면, 새먼이 자기 부처를 위해 열심히 뛸 수 있도록 난 절대 그 말벌을 때려잡지 않을 겁니다."

새먼이 링컨의 말처럼 말벌작용 때문에 일을 열심히 했는지는 알려지지 않았지만 이러한 말벌이 해가 되는 것은 아니란 것을 알 수 있다. 체이스는 대통령에는 오르지 못했지만 성공한 재무장관으로서 미국의 최대은행인 'JP모건 체이스'에 이름을 남기게 되었다.

2

수양에 대한 철학만담

젊은 시절은 일 년으로 치면 봄이오, 하루로 치면 아침이다.
그러나 봄엔 꽃이 만발하고, 눈과 귀에 유혹이 많다.
이목耳目이 향락을 좇아가느냐 부지런히 땅을
가느냐에 따라 그 해의 운명이 결정된다.

공자

1. 진짜보다 더 진짜로 보인 가짜

채플린^{Charles Chaplin}은 천부적인 배우의 기질을 타고난 사람이다. 그는 당대의 유명인은 물론이고 그의 주변에 있는 친구와 친지들의 흉내를 똑같이 내어 많은 사람들의 감탄을 자아내었다.

어느 날 채플린은 혼자서 시골 지방을 돌며 여행을 하고 있었다. 그런데 마침 한 마을에서 '채플린 흉내내기 대회'가 열리고 있었다. 채플린은 호기심이 생겼고, 자신의 기량을 뽐내보고자 대회의 출전을 결심했다. 평소처럼 분장을 하고 열심히 연기를 했다. 그런데 놀라운 결과가 나왔다. 심사결과 진짜 채플린은 겨우 3등이었던 것이다.

그 대회에는 진짜 채플린보다 더 진짜로 보이는 가짜 채플린이 두 사람이나 있었던 것이다. 채플린은 이후로 겸손하고 더욱 노력하는 배우가 되었다고 한다.

채플린Charles Chaplin, 1889 - 1977

영국의 희극 영화배우 · 감독. 대표작 <위대한 잠>, <독재자>, <황금광 시대>등이 있다. 그는 독특한 분장과 뛰어난 인간에 대한 관찰, 날카로운 사회 풍자로 명성을 떨쳤다.

2. 프랭클린의 13훈

프랭클린Benjamin Franklin은 초등학교에 입학했으나 가난한 집안 살림에 가족도 많아서 학비를 댈 수 없었고, 1년도 못 되어 학교를 그만 두게 되었다. 아버지가 비누와 양초 만드는 일을 하고 있어서 학교를 그만둔 프랭클린은 양초의 심을 자르고 형틀에 초를 부어넣는 등 심부름 하는 일을 하며 여러 가지로 아버지를 도왔다.

프랭클린이 20세가 되었을 무렵, 어느 하루 프랭클린은 그의 선배네 집에 찾아갔다. 그는 작은 문으로 고개를 숙이며 들어갔지만 너무 낮아서 머리를 찧었다. 이를 본 선배가 말했다. "아팠지? 그렇지만 네가 오늘 나를 찾아와서 얻은 수확 중에서 그 아픔이 가장 큰 것일 수 있어. 세상을 무사히 살아가기 위해서는 언제나 머리를 숙여라. 이것을 너는 지금 배운 것이야. 잊지 말아라!" 그 후 프랭클린은 이 선배의 말을 마음에 새겨 늘 겸손하고자 노력했다. 그리고 그는 평생의 지침이 될 규정을 만들었다. 그것이 바로 다음의 13훈이다.

"침묵, 규율, 절약, 근면, 성실, 정의, 중용, 청결, 보건, 평정, 순결, 결단, 겸손." 그는 수첩에 이 13항목을 적어 놓고 평생 실행에 옮겼다.

프랭클린Benjamin Franklin 1706 - 1790
미국의 정치가 · 외교관 · 과학자 · 저술가. 신문사의 경영자, 교육 문화활동, 자연과학 분야에서 전기유기체설을 제창하는 등의 활동과, 정치 · 외교적인 분야에서도 활약하였다. 그는 평생을 통하여 자유를 사랑하고 과학을 존중하였으며 공리주의에 투철한 전형적인 미국인으로 일컬어진다. 피뢰침의 발명. 번개의 방전 현상의 증명이 있다. 저서로는 『자서전』, 『가난한 리처드의 달력Poor Richard's Almanac』이 있다.

3. 백 마디 말보다 한 번의 행동이 낫다

거지 소녀가 베를린 뒷거리 한 모퉁이에서 바이올린을 켜고 있었다. 소녀 앞에는 골목의 꼬마들 몇 명이 모여서 구경할 뿐, 행인들은 아무도 거들떠보지도 않았다. 그래서인지 선율은 더욱 구슬프게 들렸다. 결국 소녀는 기운이 빠져 힘없이 팔을 떨어뜨리고 말았다.

그때 어떤 젊은 신사가 소녀에게 다가가 바이올린을 빌려달라고 말했다. 그리고 익숙한 솜씨로 바이올린을 연주하기 시작했다. 소녀의 연주와 달리 아름답고 황홀한 멜로디가 흘러나왔다. 그러자 행인들이 걸음을 멈추고 모여들기 시작했다.

이윽고 연주가 끝났을 때 사람들은 아낌없는 갈채를 보내며 돈을 던졌다. 젊은 신사는 사람들에게 조용히 미소로 청중들에게 답례를 하고, 돈과 바이올린을 소녀에게 건네주더니 아무 말없이 그 자리를 떴다. 이 젊은 신사는 다름 아닌 세계적인 물리학자 아이슈타인 박사였다.

아인슈타인 Albert Einstein, 1879 – 1955
미국의 이론 물리학자. 1921년 노벨 물리학상을 받음. "특수상대성 원리" "일반 상대성 원리"를 발표하다.

4. 아이젠하워의 카드놀이

형제들과 흥겹게 카드놀이를 하고 있는 아이젠하워 Dwight Eisenhower는 첫판부터 나쁜 패가 들어오자 짜증을 내면서 손에 든 카드를 바닥에 내버렸다.

"왜 패가 이 모양이야? 다시 하자!"

"그런 법이 어디 있어? 그냥 해!"

바로 밑의 동생이 안 된다고 했지만 아이젠하워는 끝까지 고집을 피웠다.

"다시 하잔 말이야!" 그러자 옆에서 아들들이 노는 모습을 지켜보던 어머니가 말했다.

"얘들아 잠깐 내 말 좀 들어보렴. 드와이트야. 이건 특히 너한테 해주고 싶은 말이다." 아이들은 모두 어머니에게 집중하였다.

"지금 너희가 하는 카드놀이는 앞으로 살아가야 할 너희 인생과 똑같은 거다. 카드야 나쁘면 바꿔달라고 떼를 쓸 수 있지만 세상을 살다보면 나쁜 카드 패처럼 어렵고 힘든 시련이 꼭 한번은 찾아오기 마련이지. 그렇다고 그걸 피해갈 수는 없지 않겠니? 좋은 패든 나쁜 패든 한번 손에 쥐었으면 끝까지 그 패를 가지고 계속해야 되는 거야."

아이젠하워Dwight David Eisenhower, 1890 - 1969
미국 제34대 대통령. 제2차 세계대전 중 서유럽 연합군 최고사령관을 역임. 1953년부터 8년간 대통령을 지냈다.

5. 훌륭한 기수는 사나운 말을 택한다

한번은 제자들이 소크라테스^{Socrates}에게 결혼에 대한 질문을 했다. "결혼하시오. 좋은 아내를 얻으면 행복할 것이고 나쁜 아내를 얻으면 철학자가 될 터이니." 사실 소크라테스의 아내는 행패가 대단해서 악처로 이름이 높았다. 한번은 그녀가 소크라테스에게 심한 욕을 퍼부었는데 소크라테스가 아무런 대꾸도 하지 않자 더욱 화가 난 그녀는 밖으로 나가 물통을 들고 와서 소크라테스 머리 위에다 쏟아 부었다.

그제야 소크라테스는 노한 기색도 없이, "허허. 천둥이 치더니 드디어 소나기가 쏟아지는군."하고 말했다. 그 당시 사람들은 이 위대한 학자가 하필이면 그와 같은 악처에게 시달리며 고생할 필요가 어디 있느냐고 수군거렸다. 마침내 어떤 사람이 소크라테스를 찾아가 물었다.

"선생은 왜 하필 그 같은 악한 여자를 부인으로 데리고 사십니까?" 그러자 소크라테스는 이렇게 대답했다. "훌륭한 기수는 가장 사나운 말을 택하는 법이라오. 그런 말을 잘 달래서 탈 수 있는 사람이라면 다른 어떤 말이라도 다 잘 탈수가 있기 때문이오. 나 역시 성질 나쁜 아내를 잘 달랠 수만 있다면 다른 어떤 사람이라도 잘 달랠 수 있을 것이 아니겠소."

소크라테스^{Socrates, BC 470 - BC 399}
고대 그리스의 철학자. 시민의 도덕의식 개혁에 힘썼으나 다른 신들을 끌어들인 혐의로 사형되었음. 그의 사상은 제자 플라톤의 『대화법』에까지 전해졌다.

6. 소크라테스의 도덕적 의식

소크라테스가 처형되던 날 제자 아폴로도로스^{Apollodoros}가 스승이 너무도 초라해서 좋은 의복을 한 벌 지어 가지고 형장을 찾아갔다. "선생님! 이제 마지막이니 이 새 옷으로 갈아입기라도…" 제자가 미처 말끝을 맺지 못하는데 소크라테스는 조용히 말했다. "그럴 필요가 있을까? 자네 생각에는 지금 내가 입고 있는 옷이 너무 초라하게 여겨진단 말이지?" 그리고 또 다른 제자 크리톤의 탈옥 권고에도 소크라테스는 거절했다.

"설령 악법이라 하더라도 국법은 엄연히 국법인데 시민으로서 마땅히 국가에 대한 의무를 지켜야 하지 않겠는가." 이윽고 옥리가 준 독배를 받아 든 소크라테스는 옥리에게 말했다. "이 독약을 조금 하느님께 드려보면 어떨까?" "당신에게 적당한 분량만 마련한 것이니 그것은 어렵겠습니다." "과연 그렇겠군. 그럼 천국까지의 여행이 순조롭도록 기도나 하지." 말을 마치고 소크라테스는 단숨에 독약을 마셔버렸다. 그리고 독기가 점점 온 몸에 퍼져 마침내 최후의 순간이 오자 마지막 말을 남겼다.

"크리톤 군, 실은 아스구레피오스에게 닭 한 마리의 빚을 졌는데 그것을 잊지 말고 내 대신 꼭 좀 갚아 주게."

7. 링컨의 정의감

링컨^{Lincoln}이 20세 때의 일이다.

어느 날 장사를 마치고 여느 때처럼 장부와 현금을 맞춰 보다가 누군가가 3센트의 거스름돈을 받아가지 않은 것을 발견하였다. 링컨은 장부의 숫자를 보면서 고객의 얼굴을 차례차례 떠올렸다. "그래, 잡화를 사고 8달러 7센트를 지불한 그 부인이다." 라고 마음 속으로 판단했다.

"곧 돌려주지 않으면 안돼." 링컨은 곧 가게를 나섰다. 그 부인의 집을 대강 알고 있었다.

링컨은 손에 3센트 동전을 꼭 쥐고 어두운 밤길을 뛰어갔다. 대강 그 부근에 이르자 한 집 한 집 문패를 확인하였다. 1시간 정도 지나서야 마침내 그 부인의 집을 찾아냈다. 문을 연 부인의 얼굴을 보자마자 링컨은 "아까 거스름돈이 잘 못됐습니다. 정말 죄송합니다." 라고 자신의 부주의를 사과하며 3센트 동전을 건네주었다. "어머! 3센트 때문에 이렇게 밤늦게 찾아오셨어요?" 부인은 무척 감격해 하였다. "당신의 그 마음, 정말 존경스럽군요. 언제까지나 소중히 간직하세요."

불과 3센트의 실수라도 깨달은 즉시 바로 잡은 링컨의 정의감이 노예 해방의 역사에 길이 남을 위대한 정의를 실현 시켰던 것이다.

8. 불우한 시기에 대처하는 마음가짐

동진시대, 명제의 아들 성제^{成帝}가 즉위하자 역양^{歷陽, 안휘성 화현}을
지키던 장수 소준^{蘇俊}이 반란을 일으키고 건강으로 쳐들어왔다. 동
진 조정에서는 형주자사 도간^{陶侃}을 파견해 소준의 반란을 진압하는
데 2년이라는 긴 시간이 걸렸다. 도간은 원래 왕돈의 부하였으나 후
에 공을 세워 형주 자사가 되었다. 그런데 도간을 시기하는 자가 왕
돈 앞에서 그를 헐뜯었고, 왕돈은 그 말을 믿고 그를 광주로 보냈다.

광주는 남쪽 변두리 지방으로 광주의 장관자리는 귀양살이나 다
름이 없었다. 도간은 귀양살이와도 같은 광주에 있는 동안 아침이
되면 백장이나 되는 많은 벽돌을 집밖으로 운반했다가 저녁나절에
는 집안으로 다시 옮기는 작업을 하루도 빠짐없이 일과로 삼고 있
었다.

"도대체 무슨 이유로 저런 짓을 하는 걸까?" 모두들 이상하게 여
길 수밖에 없었다. 어떤 사람이 그 이유를 물은 즉 그는 이렇게 대답
했다.

"언젠가 다시 중앙의 부름을 받아 전선에 설수 있는 날이 올 것이
다. 그날에 대비해서 노고에 견디는 훈련을 하고 있는 것이다." 스스
로 자신에게 훈련을 시키는 그였으니 부하들에 대해서도 상당히 엄
격하게 요구했다. 부하가 술이나 노름 등으로 일을 게을리하는 것
을 발견하면 술잔이나 노름 도구를 걷어다 강에 버리면서 그는 말
했다. "노름하는 놈들은 돼지나 다름없다." 아무리 상관이지만 남의
놀이도구를 강에다 버리는 것은 지나치다는 느낌이 없지 않았지만
그래도 다가올 그날에 대비하여 벽돌 나르기로 신체를 단련하는 그

의 의지는 남다르다.

불우한 시기에 대처하는 마음가짐으로서는 크게 본보기가 된다. 결국 도간은 다시 중앙으로 부름을 받아 요직을 거치면서 나라를 부강하게 하여 '동진의 주춧돌'이라는 칭호를 가지게 되었다.

9. 웃통 벗은 사위

동진시대, 치감郗鑑, 269 - 339이 경구에 있을 때 한 제자를 파견하며 재상 왕도에게 편지를 전달하여 왕씨 집에 가서 사윗감을 고른다고 하였다.

재상이 찾아온 사람에게 "자네가 동상東廂에 가서 마음대로 선택하게."라고 말하였다.

제자가 돌아와서 치감에게 말했다.

"왕씨 일가의 남자들은 너무나 많아요. 사람들이 와서 사윗감을 고를 때는 그들은 모두가 특별히 정중하고 엄숙한 차림입니다. 그러나 오직 한 공자만 웃통을 벗은 채 침대에 누워있는데, 그는 아무 일 없는 것처럼 하고 있었어요." 치감은 "그 웃통 벗고 있는 사람이 적합하다."라고 말했다. 그리고는 직접 그를 찾아갔는데 웃통을 벗은 채 침대에 누워있는 자는 바로 왕희지였다.

사위가 된 후 왕희지가 걸출한 서예가가 되고 우군장군이 되었어도 사람들은 그를 "웃통 벗은 사위"라고 불렀다.

왕희지는 왕씨 일가의 낭군처럼 명리와 지위를 위해 일부러 정

중하고 엄숙한 것처럼 꾸미기는커녕, 무명에 지위가 없음을 최고의
즐거움으로 간주하였다. 왕희지는 아무런 근심과 걱정이 없고 자연
스럽고 대범하였기에 치감의 마음을 끌어드렸고, 결국은 사위로 삼
기에 이르렀다.

10. 너그러우면 불평이 없다

안자晏子는 춘추시기 제나라 재상으로 집안 생활은 매우 검소하였
다. 그는 임종 직전에 사람을 시켜 집의 기둥에 구멍을 뚫게 하고 그
구멍 속에 유서를 넣어 감추게 했다. 그리고 아내에게 말했다.

"아들이 크기를 기다렸다가 그것을 꺼내어 보여주시오."

아들이 장성했을 때, 아내는 기둥 속에 감추어 두었던 유서를 꺼
내 보여주었다. 유서에는 이렇게 적혀있었다.

"옷은 없어서는 안 되지만 그렇다고 사치해서도 안 되며, 우마牛馬
는 없어서는 안 되지만 있다고 하여 일하지 않으면 안 되고, 선비는
가난하게 살면 안 되지만 그렇다고 관직에 임하지 않으면 안 되고,
국가가 가난하다하여 남의 것을 약탈해서는 안 된다."

안자는 일생동안 관직에 있을 때는 청렴했고 가정에서는 검소했을 뿐만 아니라 임종 때는 유서를 통해 그것들을 아들에게 강조하였다.

관용도 검소함도 스스로를 다스릴 수 없는 자는 어떠한 경우라도 그것을 실행할 수 없다.

11. 두 번 따뜻하게 하는 비법

미국 자동차왕 포드 Henry Ford는 평소 몸이 마르고 허약해 보였다.

사람들은 그가 돈 버는 데만 정신이 팔려 자기 몸 하나 돌보지 못한다고 수군거렸다. 그러나 포드는 그런 평판에 아랑곳하지 않고 자기 일에만 몰두했다.

한번은 기자들이 그를 찾아가 물었다.

"실례지만 무척 허약해 보이시는데 그 몸으로도 건강을 유지할 수 있는 무슨 비결이 있습니까?"

이에 포드는 자신 있게 대답했다.

"적당한 운동, 허기를 면할 정도의 음식, 신선한 공기와 햇빛, 이것이 내 건강의 비결이오. 몸이 마른 것과 건강은 별개의 문제요. 아마도 수시로 병원 신세를 지는 사람은 보나마나 당신들처럼 뚱뚱한 사람들일 거요."

포드의 집 난로 옆에는 이런 글이 붙어 있었다. "스스로 장작을 패라. 그러면 두 번 따뜻해진다." 사람의 겉모습만으로 평가하는 일만큼 어리석은 것은 없다.

12. 국왕의 자리를 사랑으로 바꾸다

영국의 왕자 에드워드Edward는 멋진 플레이보이로서 여성들의 사랑을 받았는데, 어느 날 처음 만난 미국 부인에게서 이제까지 느껴보지 못했던 여성적인 매력을 발견했다.

월리스 부인은 재혼한 상태였다. 에드워드를 사로잡은 것은 그녀의 밝은 성격과 정치에서부터 예술에 이르기까지 어떤 주제든 정확하게 자신의 의견을 피력하는 총명함이었다.

그런 때에 부친이 승하하고 에드워드는 1936년 제 40대 대영제국 국왕 에드워드 8세로 즉위했다.

한편, 에드워드는 월리스에게 이혼을 하게 하고 그녀와의 결혼을 결심하고 있었다. 그러나 이에 대해 어머니 메리는 반대하였다.

두 번이나 재혼한 여자를 왕가에 받아들일 수는 없었다.

게다가 의회는 이제까지 국왕의 아내가 된 사람에게 헌법에 따라 자동적으로 수여되던 여왕의 직위를 수여하는 것에 부정적인 태도를 보였다.

에드워드는 결단을 강요당했다. 월리스냐, 아니면 왕위냐.

1936년 12월 11일 밤, 에드워드 8세는 BBC 방송을 통해 국민들에게 자신의 입장을 발표했다.

"내가 사랑하는 여성의 도움이 없는 한 대영제국 국왕으로서의 의무를 다하는 것은 불가능하다고 말하지 않을 수 없습니다."

에드워드는 왕위를 버렸을 뿐만 아니라 국외로 추방되었다.

그러나 42세의 에드워드와 40세의 월리스는 사랑을 이루었으므로 더욱 행복한 삶을 살게 되었다.

13. 현명한 열자

열자^{列子}는 겨우 입에 풀칠을 할 정도로 집안이 궁핍했다. 그래서 사람들이 열자를 볼 때 마다 늘 굶주려 보였고 안색은 늘 파리했다. 열자를 본 어떤 사람이 정나라 재상인 자양에게 알렸다. "열자는 도가 높으신 존경받는 어른입니다. 그런데 그 사람이 재상의 나라에서 저렇게 심한 어려움을 겪고 있다면 재상이 선비를 소중히 여기지 않는다는 비난을 면하기 어려울 것입니다." 자양은 그 말이 옳다고 여겨 사람을 시켜 열자에게 쌀을 보냈다. 열자는 쌀을 가져온 사람에게 감사의 뜻을 전하면서도 정작 쌀을 받지 않았다. 그러자 열자의 부인이 가슴을 치면서 남편을 원망했다.

"가족이 굶주리고 있는데 어찌 재상이 보내주신 쌀을 되돌려 보낼 수가 있습니까. 도 있는 사람의 가족이 즐겁게 산다는 말은 몽땅 거짓말이로군요."

열자가 웃으며 부인에게 말했다.

"진정하시오 부인, 재상은 나를 알지도 못하면서 남의 말만 듣고 내게 쌀을 보내주었소, 그러니 나중에 남의 말만 듣고 나를 처벌하지 말라는 법이 없잖소. 그래서 내가 받지 않는 것이오."

결국 자양은 현명한 재상이 아니어서 얼마 후 백성들의 난이 일어나게 되었고 그 통에 죽임을 당하고 말았다.

열자^{列子}
『노자^{老子}』, 『장자^{莊子}』 등과 함께 도가사상^{道家思想}을 담고 있는 중국의 고전으로 전국시대 열어구^{列禦寇}가 지었다고 전해지는 책이다. 여기서는 열어구를 지칭한다.

14. 생각에 빠진 헤겔

독일의 철학가 헤겔^{Hegel}은 한 문제에 집중하면 주변의 어떤 상황도 인식하지 못하는 버릇이 있었다. 한번은 정신을 집중하여 어떤 문제를 사고하다 보니 그 자리에서 하루 낮 하루 밤을 그냥 서있었던 적도 있었다. 또 한 번은 사색에 잠겨 산보하고 있는데, 때마침 비가 오는 바람에 그의 신이 진흙에 빠져 들어갔다. 그럼에도 그는 신발이 벗겨져 진흙을 밟는 것을 느끼지 못한 채 여전히 깊은 생각에 잠겨 앞으로 걸어갔다. 사람들은 한발에 신을 신고 다른 발엔 양말만 신고 있는 모습을 보고 웃었지만 그마저도 느끼지 못했다.

또 한 번은 그가 어찌나 골똘히 사색하던지 강의시간까지 어겼다. 그는 원래 오후 3시에 강의해야 할 것을 2시에 갔던 것이다. 교실에는 당연히 다른 강의를 듣는 학생들이 앉아있었으나 그는 이를 깨닫지 못하고 연단에 올라가 도도히 강연하기 시작하였다. 한 학생이 잘못 들어왔다고 신호를 보냈으나 헤겔은 눈치채지 못하고 계속 수업을 진행하였다. 원래 예정대로면 오구스티 교수의 강의시간이었다. 그는 교실 입구에서 들리는 헤겔의 목소리를 듣고는 자기가 지각을 했다고 착각하고는 시계를 쳐다보았다.

헤겔^{Hegel, Georg Wilhelm Friedrich, 1770 - 1831}
독일 관념론 철학을 완성시킨 근세의 체계적 형이상학자. 예나^{Jena}, 하이델베르크 등에서 강의하였으며, 만년에는 베를린 대학의 교수로 활동하였다.

15. 책에 없는 것만을 기억하다

1921년 봄, 아인슈타인이 부인과 함께 미국에 왔을 때다. 당시 많은 미국사람들은 아인슈타인을 보러 와서 "소리의 속도가 얼마인지 기억하고 있는가?, 아인슈타인은 어떻게 그렇게 많은 것을 기억할 수 있었는가?, 그리고 무엇이나 다 필기책에 적어가지고 다니는가?"하는 것들을 물었다.

아인슈타인은 자기를 시험해 보려는 미국사람들의 기대에 어긋나지 않기 위하여 그들이 제기한 문제에 대해 유쾌히 대답해 주었다.

"나는 원래 필기도구를 가지고 다니지 않습니다. 나는 늘 머리가 가벼워서 모든 정신력을 연구하는 것에 집중합니다. 여러분이 소리의 속도가 얼마인지를 물었는데 지금 나는 정확히 답하기 어렵습니다. 반드시 사전을 찾아봐야 대답할 수 있습니다. 그것은 나는 원래 사전에 올라있는 것은 기억하지 않기 때문입니다. 나의 기억력은 어디까지나 책에 기술되지 않은 것만을 기억할 뿐입니다."

아인슈타인의 이러한 대답은 미국 사람들로 하여금 아연실색케 하였다.

16. 괄목상대刮目相對

오나라 손권孫權의 부하 여몽呂蒙은 힘도 세고 담력이 출중했지만 '낫 놓고 기역자도 모르는' 일자무식의 장수였다. 그의 사람됨을 아까워한 손권은 그에게 뒤늦게나마 책을 읽을 것을 권유하였다.

상사의 권유를 받아들인 여몽은 책을 읽기 시작하였는데 여간 열심히 하는 것이 아니었다. 그 결과 그의 공부는 놀라운 진보를 보였다.

지난날, 일자무식의 여몽만 알고 있던 사람들은 그의 엄청난 변화에 놀라고 직접 회의석상에서 대화를 나눈 이후에는 새삼 그를 재인식하지 않을 수 없게 되었다.

그의 선배되는 장군 노숙魯肅이 어느 날 우연히 여몽을 만나게 되어 토론을 벌렸는데, 그날의 여몽의 식견과 논리는 완전히 노숙을 압도하였다. 여기에서 노숙은 진심으로 감복하여 여몽의 등을 힘차게 두드려 주며 격려하였다.

"그대를 전쟁터에서의 싸움 밖에 모르는 사람인 줄 알고 있었는데 이제보니 학식도 어지간히 폭넓게 통하고 있어 들은 바와 같은 무식쟁이가 아니구러!"

"선비가 서로 헤어져 사흘이 지난 뒤 만나면 괄목상대刮目相對해야 합니다."라고 여몽이 대답했다.

선비된 사람은 사흘간 만나지 않는 동안이라도 학문에 힘써 사흘 뒤 만나더라도 학문의 성장이 몰라보게 달라져 있어야 한다는 말이다.

여몽呂蒙, 178 - 220
중국 삼국시대 오나라의 장수로 노숙의 뒤를 이어 대도독의 지위에 올랐다.
자는 자명子明이고, 호위장군虎威將軍을 지내 여호위呂虎威라고도 불린다. 주유周瑜와 노숙魯肅의 뒤를 이어 오나라의 군사 책임자인 대도독이 되었으며 잔릉후孱陵侯로 봉해졌다.

17. 생각이 곧 나의 존재

니체Friedrich Nietzsche는 언제나 글을 쓸 때면 그 하나에 몰두해서 글을 썼다. 또 그렇게 심취해서 쓰는 작품들이니 만큼 빨리 끝나기도 했다. 니체의 작품 <짜라투스트라>는 모두 3부로 되어 있는데 그는 이것을 겨우 열흘 만에 끝마쳤던 것이다. 이와 같은 이야기는 그의 작품 <이 사람을 보라>에 수록되어 있다.

니체가 병에 걸렸을 때 친구가 찾아와 한동안 아무 생각도 하지 말라고 주의시켰다. 그러자 니체가 되물었다.

"왜 내가 그렇게 하지 않으면 안 되지? 그런 일은 자네 같으면 되겠지. 자네는 생각을 가지고 있으니까. 그러나 나에게는 생각 그 자체가 곧 나네."

어느 날, 니체Friedrich Nietzsche가 한 책방에서 한 권의 책을 손에 들고 시간 가는 줄도 모르게 읽고 있었다. 그 책을 발견했을 때의 심정을 이렇게 말했다.

"어느 정체모를 유령이 내게 그 책을 가지고 빨리 돌아가라고 속삭이는 것 같았다. 나는 집에 도착하자마자 가지고 온 나의 보물을 열어보았다. 그리고 그 힘차고 숭고한 천재의 마력에 복종할 수밖에 없었다."

그 책이 바로 쇼펜하우어의 『의자와 관념의 세계』였다. 니체는 14일 동안 침식을 잊은 채 그 책에 몰두하였다. 그리고 그는 그 책을 스승으로 하고 이제까지 매달렸던 언어학을 포기하고 철학이라는 새로운 학문의 길로 나섰다.

니체Friedrich Nietzsche, 1844 - 1900
독일의 철학자·시인·실존철학의 선구자. 저서로는 『비극의 탄생』, 『선악의 피안』 등이 있다.

18. 배腹를 두드리며 노래하다

요堯임금이 천하를 다스린 지 50년이 될 무렵, 요임금은 천하가 잘 다스려지고 있는지가 궁금해서 직접 눈으로 확인하고자 서민 옷차림으로 거리를 나가보니 아이들이 노래를 부르고 있었다.

우리들 백성이 이렇게 지낼 수 있으니
모두가 임금님 덕택이로다.
백성들은 부지불식간에
임금님의 다스림을 따라간다네.

요임금은 아이들의 노래를 듣자 기분이 좋았다. 하지만 노인들의 생활이 궁금했다. 그래서 들로 나가보니 한 노인이 "배를 두드리고 땅을 치며"라는 노래를 부르고 있었다.

우물을 파서 물 마시고
밭을 갈아서 밥 먹으니
임금님의 힘이 나와 무슨 상관이랴?

이는 요임금의 덕치로 천하가 태평성세를 누리게 된 것을 말한다. 하지만 인위적인 다스림이 아니라 만물의 조화와 순리에 따라 정치를 했기 때문이다.

19. 의식주가 풍족해야 예절을 지킨다

춘추시대 때, 제나라 환공桓公이 패자覇者가 되도록 도와준 사람은 관중이었다. 현실적인 정치가였던 관중은 경제를 중시했으며 인간의 예절과 염치도 경제적 기반 위에서 가능하다고 했다. 관중은 이렇게 말하고 있다.

"땅과 백성을 다스리는 사람은 사시사철의 변화를 잘 살펴서 곡식 관리에 힘써야 한다. 나라에 재정이 넉넉하면 다른 지역 사람들도 모이는 법이고 개간할 토지가 풍부하면 백성들은 그곳에 머물게 마련이다. 창고에 곡식이 넉넉하면 예절을 아는 법이요, 먹고 입는 것이 충분하면 명예와 염치를 아는 법이다. 그리하여 윗사람이 법도를 지키면 한 집안 전체가 화합할 것이고 예의와 염치가 행해지면 임금의 법령도 잘 실행될 것이다."

20. 에디슨의 성공비결

발명왕 에디슨Edison에 대한 많은 에피소드가 있다. 그는 과학연구와 발명창조를 하기 위하여 한때 결혼까지도 미루었다. 그러다가 1871년 크리스마스에 가서야 비로소 결혼식을 거행하게 되었다.

결혼식을 마치고 피로연을 해야할 시간이 되었는데 에디슨은 갑자기 자동전보기에 대한 문제의 해결방안이 머리에 떠올라 잠시 공장에 다녀와서 저녁식사를 하겠다고 약속한 채 집을 나섰다.

그런데 저녁 때가 다되어도 신랑이 돌아오지 않자 결혼식에 온 모든 사람들은 돌아가버렸다. 그 중 한 공장 직원은 집에 가는 도중에 공장을 지나치다가 이층에 불이 환히 켜져 있는 것을 보고 달려 갔다. 문을 열고 들어선 그 노동자는 에디슨을 보고서 그만 놀라서 소리쳤다.

"여기서 뭐하는가? 다들 돌아가고 있다네."

에디슨도 놀라며 물었다. "지금 몇 시나 되었소?"

"열두 시는 되었을 걸세!"

에디슨은 그제야 아내를 만나기 위해 달려갔다.

이렇게 열심히 실험하는 에디슨에 대해 우스갯소리도 많았다. 실험하느라 에디슨은 흔히 며칠씩 뜬눈으로 밤을 지새웠다. 그러다가 너무 피곤하게 되면 그는 책을 베개 삼아 책상에서 잠깐 눈을 붙이 곤 하였다. 그래서 어떤 사람들은 이렇게 말하곤 했다.

"그러기에 에디슨이 아는 것이 그리 많지. 그는 원래 잘 때도 책에서 영양분을 섭취한단 말이네."

에디슨이 명성을 떨치게 되자 많은 신문기자들은 그에게 성공의 비결에 대해 물어보곤 하였다. 이에 에디슨은 침착하게 대답하였다.

"아주 간단합니다. 그것은 언제 어떤 일에서나 자기한테서 생기는 비관적이고 실망하는 마음을 추호도 허용하지 않는 것입니다."

3

재치에 대한 철학만담

은둔자의 맑은 흥취는 모두가 유유자적하는 데에 있다.
그러므로 술은 권하지 않는 것으로 즐거움을 삼고 바둑은 승패를
다투지 않는 것으로 참된 승부를 삼으며 구멍 없는 피리와 줄 없는 거문고로써
어떤 음악에도 구애되지 않는 것을 고상하게 여기고 만남은 기약하지 않는 것을
참됨으로 삼으며 손님은 마중과 배웅하지 않는 것이 서로 스스럼이 없다고
여긴다. 만약 한번 겉치레에 이끌리고 형식에 얽매인다면
곧 속세의 고해苦海로 떨어질 것이다.

『채근담 후집』 96

1. 엉터리에 속다

마을에 생선 팔러 오는 생선장수는 매번 마크 트웨인^{Mark Twain} 집에 들러 싱싱한 생선이 있다며 광고를 했다. 하지만 마크 트웨인은 매번 "필요 없어요."라고 거절했고, 생선 장수는 언제나 어김없이 찾아오는 것이었다. 그러던 어느 날, 생선장수의 끈기에 진 마크 트웨인은 아내에게 생선을 하나 사주자고 말했다. 생선을 사서 생선 요리를 준비하고 있던 아내는 그 생선이 너무나 상해서 먹을 수 없다고 불평을 했다. 다음 날 그 생선장수가 다시 찾아 왔을 때 마크 트웨인은 뛰어나가 그를 불러 세우고는 화를 내며 말했다.

"아니, 그렇게 상한 생선을 팔아도 되는거요? 다 썩어 빠져서 하나도 먹지 못했단 말이오."

그러자 생선장수는 조용히 그를 돌아보며 말했다.

"죄송합니다만, 그건 제 탓이 아닙니다. 이번 주 내내 나는 댁에게 하루 두 번씩이나 싱싱한 생선을 살 기회를 주지 않았습니까? 당신이 사려고 했을 때는 신선도가 떨어졌지요. 현명한 사람이라면 생선이 다 썩을 때까지 구매를 주저하지는 않았을 겁니다."

생선장수의 말을 들은 마크 트웨인은 잠시 생각하다가 아무 말도 하지 못하고 말았다.

마크 트웨인^{Mark Twain, 1835 - 1910}
『톰소여의 모험』1876을 쓴 미국 소설가. 사회 풍자가로서 남북 전쟁 후에 사회 상황을 풍자한 『도금시대』와 에드워드 6세 시대를 배경으로 한 『왕자와 거지』 등을 썼다.

2. 말솜씨 I

공자가 제자들을 거느리고 여행을 하다가 더위를 피해 잠시 그늘에서 쉬게 되었다. 그런데 그들이 쉬는 사이에 타고 온 말들이 주변 콩밭에 들어가 밭을 온통 망쳐놓았다. 화가 난 농부가 달려와 말들이 망쳐 놓은 밭값을 물어내라고 야단했으나 공자와 제자들은 가진 돈이 없었다. 자공子貢이 나서서 그 농부에게 용서를 구해 보았으나 농부는 막무가내였다. 이때 가장 나이 어린 제자가 공자 앞으로 나와서 자신이 농부를 설득해 보겠다고 자청하니 자공은 어림도 없을 것이라고 말했다. 하지만 나이 어린 제자가 농부 앞에 나서서 이렇게 말하였다.

"농부님의 밭은 정말 큽니다. 보아하니 저 동쪽 끝에서 서쪽 끝까지를 차지하고 있는 듯합니다. 그러니 제 말이 농부님의 콩밭 말고 어디 다른 사람의 밭에 들어갈 수가 있겠습니까? 콩밭을 망쳐놓은 것은 제 말놈의 잘못이긴 하나, 더 큰 이유는 농부님의 밭이 너무 크기 때문이 아닐까 생각됩니다. 그러니 그 밭만큼 넓은 아량으로 이번 일을 용서하여 주십시오."

농부는 그 말을 듣고 크게 웃으며 말했다. "앞서 왔던 사람보다 당신이 예절이 있소이다."하며 그들을 용서해 주었다고 한다.

3. 말솜씨 II

당시 영국 수상인 로이드 조지^{David Lloyd George}가 한 지방의 정치 강연대회에 초대를 받은 일이 있었다. 이때 사회자가 로이드 조지를 소개하였다.

"저는 로이드 조지 씨가 매우 큰 분으로 알고 있었습니다. 그런데 오늘 직접 뵈니, 몸집만은 좀 작은 분인 것 같습니다." 청중 속에서 웃음소리가 일었다. 그러나 로이드 조지는 당황하지 않고 자신을 놀리는 말을 받아서 인사했다.

"북부 웨일스에서는 인간의 몸집을 말할 때는 턱 위만을 재게 마련입니다만 이곳에서는 아마 턱 아래만을 재는 것 같군요."

로이드 조지는 또 한 번 어느 여성인권 집회에서 여권주장을 반대하는 연설을 했다. 그 연설을 듣고 있던 한 여성이 자리를 차고 일어나 격한 목소리로 말했다.

"로이드 조지씨, 만일 당신이 내 남편이었다면 즉각 독약을 먹였을 겁니다."

그러자 로이드 조지는 그녀의 말이 끝나자마자 조용히 말했다.

"부인, 만일 제가 당신의 남편이었다면 기꺼이 그 독약을 마셨을 것입니다."

영국의 저명한 정치가인 처칠도 로이드 조지의 말솜씨에 감탄하며 다음과 같이 표현한 바 있다.

"로이드 조지의 그 보들보들하고 상냥한 말솜씨, 그것은 나무 위

에 앉아있는 참새라도 능히 설득시켜서 내려오도록 할 수 있을 것
만 같다."

로이드 조지|David Lloyd George, 1863 - 1945
맨체스터에서 출생하여 옥스퍼드 대학교를 졸업하고 변호사가 되었다. 27세 때 하원
의원에 당선되었고, 애스퀴스 내각이 성립되자 재무상에 취임하여 불로소득에 대한 과
세를 포함한 획기적인 예산안을 제출하여 상원의 맹렬한 반대를 받았다. 1910년 선
거에 승리를 거둔 후 상원의 권한 축소를 내용으로 하는 '의회법'의 성립에 의해 상원을
굴복시켰다. 제1차 세계 대전이 일어난 후 연립 내각의 군수상이 되고 이어 총리가 되
었다. 저서로 『제1차 세계대전 회상록』 등이 있다.

4. 처칠의 명답

어느날 한 신문 기자가 영국 수상 처칠Winston Churchill에게 물었다.
"정치가가 되기 위한 자격을 무엇이라고 말할 수 있겠습니까?"
"그것은 내일, 다음 주, 다음 달, 그리고 내년에 무슨 일이 일어날
것인지를 예측할 수 있는 재능이라고 하겠지요." 그리고 다음과 같
이 말을 이었다.
"그리고 후일 그 예언이 맞지 않았을 때 그 이유를 설명할 수 있
는 재능이 있느냐 없느냐에 달려 있다고 하겠네요."

또 한번은 처칠이 보수당에서 자유당으로 당적을 옮기자 한 여성
이 처칠을 공격했다.
"당신에게는 내 비위를 거슬리는게 두 가지가 있어요. 그건 당신
의 새 정책과 그 수염입니다."

그러자 처칠은 공손히 대답했다.

"확실히 그 두 가지는 부인께서 쉽게 만져 볼 수 없는 것들이군요."

미모와는 거리가 멀고 고집만 센 한 여성 국회의원이 처칠의 정책에 맹공격을 퍼부은 끝에 이렇게 말했다.

"당신은 지금 틀림없이 주정을 하고 있는 겁니다. 아세요?"

그러자 처칠은 말했다. "그래요? 그렇다면 실례지만 당신은 틀림없이 미인이 아니십니다. 저는 내일쯤 술에서 깨어나면 그만입니다만…"

처칠은 독서가로 알려졌지만 그림을 잘 그린 것으로 유명했다. 어느 날, 마거릿 왕녀가 처칠에게 물었다.

"처칠 경은 어째서 풍경화만 그리시는지요?" "풀이나 나무라면 사람과는 달라서 실물을 닮지 않았더라도 이러쿵저러쿵 항의하는 소리를 듣지 않아도 되기 때문입니다."라고 처칠은 대답했다.

어떤 화가는 자기의 그림이 팔리지 않는다고 불평을 했다.

"사람은 타고나야 합니다. 각하가 바로 좋은 본보기 아닙니까. 정치에 성공하고 문학으로는 노벨상을 받았습니다. 그리고 그림까지 그리십니다. 정말 부럽습니다. 그런데 저는 몇 해가 걸려도 입선이 되지 않습니다. 그림이라고는 한 번도 그려 본 일이 없는 소위 명사가 미술 전람회의 심사위원이 되니까 말입니다. 이래도 되는 겁니까?" 그러자 처칠은 예의 시가를 지끈지끈 깨물면서 말했다. "그것도 나쁘지는 않겠지요. 나는 한 번도 알을 낳아 본 일이 없지만 그래도 계란이 썩었는지 어쩐지는 분간할 수 있으니까요."

처칠 Winston Churchill, 1874 - 1965
영국의 정치가. 1940년 영국 수상이 됨. 문필가로서 노벨상을 받음. 저서로는 『제2차
세계대선 회고록』 등이 있다.

5. 돌로 이를 닦고 냇물로 귀를 씻다

어느 날, 손초孫楚는 세상만사가 모두 귀찮아져서 산골에 가서 숨어
살고 싶어졌다. 그래서 그는 가까운 친구인 왕제에게 이야기 했다.

"나는 지금 돌로 양치질 하고 냇물을 베개 삼아 살고 싶은 심정
이다."

"그게 무슨 말인가. 이해할 수 없군." 손초는 속으로 아차 했다. 돌
은 베개 삼고 흐르는 냇물로 양치질 하겠다고 말해야 할 것을 깜빡
실수로 바꾸어 말한 것이다. 그 순간 왕제는 웃으며 말했다.

"결국 자네 말은 돌을 베개 삼고 냇물로 양치질 하겠다는 말을 하
려던 것이 아닌가?" 손초는 자신이 잘못 말한 것을 이미 알았지만
자존심이 센지라 이렇게 말했다. "아니야. 내가 한 말 그대로야. 돌
로 양치질 한다는 것은 이를 닦는다는 말이고 냇물을 베개 삼는다
는 것은 귀를 씻는단 말이야." 과연 손초다운 기지로 자기가 한 말
이 옳다고 궤변으로 둘러댔다.

손초孫楚, ? - 293
서진시대 태원太原 중도中都 사람. 자는 자형子荊이다. 글 짓는 재주가 탁월하고 성격이
호탕하여 무리를 짓지 않았으며, 다소 의기양양한 성품의 소유자였다. 풍자를 매우 좋
아하여 '동양의 버나드 쇼'라고 부른다.

6. 거만한 장관의 코를 꽉 쥔 괴테

괴테^{Goethe}는 부유한 집안의 장남으로 태어나 대학에 들어가기 전까지 가정에서 천재교육을 받았다. 괴테는 소년시절부터 엄격하고 진지했다. 집에서 친구들과 이야기를 나누다가 혹시 친구들이 남의 흉을 보는 일이 있으면 '그런 이야기는 우리 집에서는 하지 말아주게' 라고 말하고 화를 내며 친구들을 쫓아내기도 하였다. 하지만 재치 있고 위트있기도 하였다.

언젠가 학교 친구들과 여행을 하고 있을 때 호텔에서 한 장관이 거만을 떨며 모두의 눈살을 찌푸리게 한 일이 있었다. 누군가가 "저 장관의 커다란 코를 꽉 쥘 수 있으면 얼마나 통쾌할까?"하고 말하였다. 갑자기 괴테는 "내가 쥐어 보지. 어때, 돈을 걸어!"라며 나섰다. 그래서 친구들과 내기를 하게 되었는데 친구들은 무리한 짓이니 하지 말라고 말렸지만, 괴테는 그들에게 10분후에 로비로 오라는 말만 남긴 채 사라졌다. 잠시 후, 친구들이 로비로 가보니 진짜로 괴테가 그 장관의 코를 꽉 쥐고 있지 않은가! 괴테는 이발사로 변장하여 장관의 면도를 하는 척하며 그의 코를 잡고 있을 수 있었다.

괴테|Johann Wolfgang von Goethe, 1749 - 1832
독일의 시인. 소설가. 작품으로 〈젊은 베르테르의 슬픔〉, 〈파우스트〉, 〈빌헬름 마이스터의 편력 시대〉 등 세계적인 문학작품을 남겼다.

7. 순발력 있는 지혜

어머니를 따라 가게에 들어간 카네기^{Andrew Carnegie}는 가게에 진열된 빨간 앵두가 먹고 싶어 빤히 바라보고 있었다. 가게 주인은 카네기의 기색을 알아차리고 말했다. "애, 한줌 가지렴!" 그러나 소년 카네기는 고개를 가로저을 뿐이었다. "아니, 넌 앵두를 싫어하니?" "아니에요, 좋아해요. 아저씨!" "그럼, 사양 말고 한줌 가져가거라." 그래도 카네기가 손을 내밀지 않고 있자 주인은 손수 앵두를 한 움큼 쥐어 카네기의 모자에 넣어주었다.

집에 돌아온 뒤 어머니가 카네기에게 물었다. "앤드루^{인명} 너 아까 상점에서 왜 앵두를 가지라는데도 그냥 가만히만 있다가 나중에 아저씨가 집어주어서야 받았니?" 그러자 어린 카네기는 대답하는 것이다.

"아저씨 손이 내 손보다 더 크잖아요" 이후 강철왕이라 불리는 카네기에게 어떤 사람이 물었다. "노동과 자본, 그리고 지력 중에서 무엇이 공업을 해나가는데 가장 중요하다고 생각하십니까?" 하는 질문에 오히려 카네기는 다음과 같이 반문하였다. "세 다리로 된 의자의 다리 중에서 어느 다리가 가장 중요할까요?" 과연 카네기는 큰 자본을 가졌고 수많은 사람들에게 일자리를 주었으며 지력 또한 남달리 뛰어났다.

카네기|Andrew Carnegie, 1835 - 1919
미국 실업가. 카네기 철강 회사를 설립하여 미국의 제강 업계를 지배한 것으로 "강철왕"이란 별명을 가졌다. 은퇴 후 자선 사업에 봉사하였다.

8. 운전기사도 아는 상대성 이론

아인슈타인 Albert Einstein 은 연일 계속되는 강연으로 꽤나 지쳐 있는데 하루는 그의 전속 운전사가 그에게 농담조로 이렇게 말했다. "박사님, 박사님을 따라다니며 수십 차례 강연을 듣고 나니 저도 강연 내용을 외울 정도가 되었습니다. 박사님은 지쳐 계시니 다음번에는 제가 박사님의 양복을 입고 강연하면 어떨까요?" 그러자 박사는 무슨 생각에선지 선선히 고개를 끄덕였다. 다음 강연 장소는 어떤 대학이었다.

두 사람은 대학에 도착하기 전에 차를 세우고 서로 옷을 바꿔 입었다.

가짜 아인슈타인의 강연은 매우 훌륭했다. 말 한마디 한마디는 물론 표정까지 진짜 박사와 똑같았다. 가짜 박사는 강연을 성공적으로 마치고 나서 사람들의 우레와 같은 박수를 받으며 연단에서 내려오려고 했다.

바로 그때 문제가 발생했다. 첫눈에도 학식이 대단해 보이는 교수가 질문을 한 것이었다.

"박사님, 한 가지 질문이 있습니다." 그의 질문은 '상대성 이론'의 핵심에 관한 것으로 수준이 매우 높은 것이었다. 예상치 못한 상황에 연단 밑에서 운전사 복장을 하고 앉아있던 진짜 아인슈타인은 어쩔 줄 몰라 했다. 그런데 가짜 아인슈타인은 조금도 당황하지 않았다.

"그 질문이라면 아주 간단합니다. 그 정도는 제 운전사도 답변할 수 있을 겁니다." 빙그레 웃으며 그가 진짜 아인슈타인을 향해 소리쳤다. "이보게! 자네가 교수님의 질문에 답해드리게나!" 아인슈타인은 비로소 안도의 숨을 내쉬고 나서 설명을 해 주었다.

어느날 아인슈타인은 한 영화사로부터 달나라 여행을 그리는 필름 계획의 자문을 요청받았다. 할리우드에서는 아인슈타인을 위한 대환영회가 열렸는데 그곳에는 그때 손꼽히는 유명 배우들 중에 리타 헤이워즈도 참석하고 있었다.

리타 헤이워즈가 아인슈타인에게 다가가 말을 건넸다.

"과학의 제일 아름다운 발견은 무엇입니까?"

아인슈타인은 순간 그녀의 아름다운 머리카락에 눈길이 멎었다.

그는 미소를 지으며 아주 다정한 목소리로 대답했다.

"의심할 것 없이 발그스름한 갈색의 머리카락을 가진 사람입니다."

리타 헤이워즈는 아인슈타인이 말한 것이 무엇인가를 이해하려고 잠시 생각에 잠겼다.

아인슈타인Albert Einstein, 1879 - 1955

독일의 물리학자. 1921년 노벨물리학상을 수상, 그의 '상대성 이론'은 과학적 탐구와 철학적 탐구에 일대 혁명을 일으켰다.

9. 위기에서 벗어나는 꾀

초나라 오자서伍子胥는 임금에게 죄를 짓고 서둘러 초나라를 벗어나던 중 국경 수비군에게 붙잡혔다.

"당신이 임금에게 반역죄를 지어 수배된 바로 그 작자로군." 이라고 말한 국경 수비군은 오자서를 묶어서 송환할 판이었다. 오자서는 이 위기를 어떻게 하면 모면할 수 있을까 잠시 생각하다가 꾀를 내어 말했다. "임금께서 나를 쫓는 이유가 무엇인지 아는가? 그것은 내가 아름답고 값진 보석을 가지고 있기 때문이다. 그런데 급히 오는 바람에 그만 보석을 잃어버리고 말았다. 만일 네가 나를 붙잡는다면 네가 보석을 빼앗아 입으로 삼켰다고 임금께 고해바칠테다." 이 말을 들은 수비군은 덜컥 겁이 났다.

오자서가 만일 임금께 그렇게 고한다면 성미가 급한 임금은 당연히 자신을 죽여 배를 갈라서라도 보석을 찾으려 들 것이 뻔하기 때문이다. 그래서 수비군은 오자서를 놓아주고 말았다.

오자서伍子胥, ? - BC 484
중국 춘추시대의 정치가. 자서子胥는 자이고, 이름은 원員이다. 원래 초나라 사람이었으나 아버지와 형이 살해당한 뒤 오나라를 섬겨 복수하였다. 오나라 왕 합려를 보좌하여 강대국으로 키웠으나, 합려의 아들 부차에게 중용되지 못하고 모함을 받아 자결하였다.

10. 프랭클린의 기발한 반문

18세기 초, 몽골피에Montgolfier가 최초의 기구를 하늘로 올렸다. 그러나 처음에는 학자들이나 친구들 사이에서까지도 큰 조소의 대상이 되었고 실험이 성공할 것이라고 생각한 사람은 극히 드물었다.

하지만 미국의 정치가이며 과학자인 벤자민 플랭클린은 성공을 확신한 그 극소수의 사람들 중 한 사람이었다.

어느 날, 프랭클린 앞에서 한 과학자가 기구의 상승 실험에 대해 악담을 하였다. "설사 기구가 공중에 올라갔다 합시다. 그것으로 어떤 목적이 달성될 수 있단 말씀입니까?" "그렇다면 당신은 갓난아이가 어떤 목적을 가졌다고 설명하겠습니까?" 프랭클린의 이 반문에 비난하던 학자는 단 한마디의 대답도 할 수 없었다.

프랭클린Benjamin Franklin, 1706 - 1790
미국의 정치가 · 외교관 · 과학자 · 저술가. 신문사의 경영자, 교육문화활동, 자연과학 분야에서 전기유기체설을 제창하는 등의 활동과, 정치 · 외교적인 분야에서도 활약하였다. 그는 평생을 통하여 자유를 사랑하고 과학을 존중하였으며 공리주의에 투철한 전형적인 미국인으로 일컬어진다. 피뢰침의 발명. 번개의 방전 현상의 증명이 있다. 저서로는 『자서전』, 『가난한 리처드의 달력Poor Richard's Almanac』이 있다.

11. 조조의 꾀와 기지

위나라 조조曹操가 승상으로 있을 때다. 그의 집 후원에는 열매를 잘 맺는 비파나무 한 그루가 있었는데 조조는 이 나무를 너무나 아낀 나머지 누구도 손을 대지 못하게 했다. 오죽하면 몰래 비파의 개수까지 세어두었을까. 그런데 부하들 중 한명이 조조가 없는 틈을 타서 비파 두 개를 따먹었다. 오래지 않아 집에 돌아온 조조는 비파가 없어진 것을 한눈에 발견했다. 그는 의심스러운 부하 몇 명을 불러 일을 시키는 척 하면서 넌지시 속을 떠 보았다.

"아, 잠깐! 생각해 보니 이 비파나무가 별 실속도 없이 여러모로 방해만 될 것 같다. 나무를 베어버려라!" 그러자 선뜻 고개를 쳐들며 말참견을 하고 나서는 부하가 있었다.

"아니, 주인님. 그렇게 맛있는 비파를 왜 베어버리십니까?"

"음, 내 지시를 버리고 비파에 손을 댄 녀석이 바로 네놈이로구나!"

결국 비파를 훔친 도둑은 자신의 잘못을 인정할 수밖에 없었다.

조조曹操는 젊었을 때 관상을 본 적이 있는데, 그때 관상쟁이는 조조를 바보로 만들 뿐 변변한 대답이 없었다. 그리하여 조조는 울화를 참고 관상쟁이에게 말했다. "선생, 연못의 물고기는 보았어도 대양의 고래는 보지 못한 것 같군요."

비아냥거리는 조조의 말을 들은 관상쟁이는 화가 나서 소리쳤다. "무슨 소리인가, 자네는 치세에 능신, 난세의 간웅에 지나지 않아!"

관상쟁이의 말을 들은 조조는 "난세의 간웅이라고요? 고맙소!" 라고 만족해하며 돌아갔다고 한다. 자신의 장래에 대해 마음속으로 기대하는 바가 있었던 것이다.

그로부터 20여 년 후, 전쟁 중에 여러 나라를 섬기고 배반하기를 일삼던 조조는 간웅의 본색을 드러내어 후한에서 조정은 있으나 마나한 존재로 만들고 자신의 세력을 과시했다.

건안 3년 초여름, 조조는 대군을 거느리고 남양에 주둔하고 있는 장수의 토벌에 나섰다. 도중에 하남 복우산맥에 도달했을 때, 험난한 산길에 찌는 듯 한 무더위까지 기승을 부려 초목은 먼지를 뒤집어쓰고 있었으며 자갈길은 뜨겁게 달구어져 물 한 방울 보이지 않았다.

"물, 물!" "목이 마르다!" 병사들은 타는 듯한 갈증에 하나 둘 쓰러졌다. 이것을 본 조조는 말 위에서 채찍을 휘두르며 외쳤다.

"조금만 더 참아라. 이 산만 넘어가면 매림梅林이 있다. 그곳에 가서 맘껏 매실을 먹자!" 이 말을 들은 병사들은 무의식중에 새콤한 매실 맛을 상상하게 되었고, 이로 인해 입안에 침이 고여 갈증을 잊어버리게 되었다.

과연, 한 때의 간웅, 조조의 기지는 인간의 마음의 기묘함을 꿰뚫었다고 할 수 있겠다.

12. 못생긴 얼굴로 남을 웃긴다

링컨Lincoln이 어느 모임에 나갔다가 간단한 연설을 부탁받고 사람들 앞에 나섰다.

"지금 난 언젠가 내가 숲속에서 말을 타고 갈 때 한 부인을 만났을 때와 비슷한 상황에 처해 있습니다. 나는 지금, 와서는 안 될 장소에 와 있는 것입니다."

"아니, 그게 무슨 말씀이죠?"

의아해 하는 사람들의 말에 링컨이 말을 이었다.

"그때 나는 그 부인에게 길을 비켜주려고 옆으로 멈춰 서 있었습니다. 그러자 그 부인은 마차를 세우고는 내 얼굴을 뚫어져라 응시하는 것이었습니다. 내가 까닭을 물었죠. 대체 왜 그렇게 날 쳐다보느냐고, 그러자 그 부인이 '나는 지금 내가 본 얼굴들 중에서 가장 못생긴 얼굴과 마주하고 있노라'고 말하는 것이었습니다."

"저런!"

"그래서 내가 항의했지요. '이보시오 부인! 그거야 난들 어쩔 도리가 없잖소?' 그러자 그 부인은 한숨을 내쉬면서 말하더군요."

"뭐라고요?" 라고 청중들이 묻자 링컨의 대답은 이러했다.

"못생긴 거야 어쩔 수 없다 쳐도, 집 안에 처박혀 있는 건 왜 하지 못하는 거예요?"

이같이 링컨은 평소 자신의 못생긴 얼굴을 활용하여 다른 사람을 즐겁게 만들 줄 알았다.

13. 인간의 욕망

한 친구가 톨스토이Tolstoy에게 사람의 욕망에 대해 물었다.

"우리를 가장 강하게 붙잡는 욕망은 유욕이네, 이 방면의 욕망은 만족되는 법이 없네, 만족되면 만족되는 그만큼 점점 증가되네." 라고 말하였다.

만년의 톨스토이는 인간의 욕망에 정이 떨어져 철저한 금욕주의를 제창했다.

친구가 걱정이 되어 그에게 물었다.

"그렇게 모두 금욕만 한다면 인류가 멸망해 버리지 않겠습니까?"

톨스토이는 빙그레 웃으며 이렇게 말했다.

"염려할 것 없어요. 금욕을 실제로 생활에 옮길 수 있는 사람은 거의 없으니까요."

14. 제 꾀에 제가 넘어간다

영국의 한 상인은 장사가 잘 안 되어서 다른 지역에 가서 새로운 장사하기로 마음먹고 가게를 금화 80닢에 처분했다. 상인은 금화를 주머니에 넣고 다니다가 툭하면 꺼내어 세어 보았다. 이러한 상인의 행동을 지켜보던 한 여인은 다짜고짜 상인의 옷자락을 부여잡으며 소리쳤다.

"아니 여보! 나와 아이를 두고 이렇게 훌쩍 떠나면 어떡해요? 집안의 전 재산을 들고 가버리면 우린 뭘 먹고 살란 말이에요!" 영문도 모른 채 난감한 상황에 빠진 상인은 사람 잘못 봤다고 거듭 말해도 여인은 막무가내였다. 구경꾼이 하나 둘 모여들었고 사람들은 법정에서 두 사람의 시비를 가리라고 했다.

법정에 가보니 상인은 더 놀랐다. 그 여인의 아이들이 자신의 옷자락을 잡으며 아버지라고 부르는 게 아닌가. 분명히 여인이 아이들에게 시킨 짓이었다. 이런 상황이 되자 상인은 누가 봐도 처와 아이를 둔 채 떠나간 남자가 되고 만 것이다. 재판관은 상인에게 기어이 떠나겠다면 금화 80닢을 두고 가던지 아니면 집에 남아서 식구들을 돌보라는 판결을 내렸다. 그래서 결국 상인은 어쩔 수 없이 자신의 전 재산을 내놓을 수밖에 없었다. 하지만 상인에게 갑자기 묘안이 떠올랐다.

그는 다시 재판관을 찾아가 큰 아들만을 데리고 다른 고장으로 떠나겠다고 했다. 이에 재판관은 상인의 요구를 흔쾌히 들어주었다. 얼마 후, 상인과 큰 아들의 뒤를 따라오던 여인은 상인에게 매달려 애걸했다. "제발 제 아이를 돌려주세요. 금화를 전부 돌려 드릴게요." 여인은 자기 꾀에 자기가 빠지게 된 것이다.

15. 예리한 관찰력

프랑스의 탐정 소설가 조르주 심농^{Georges Simenon}은 어느 날 친구와 함께 거리를 거닐고 있었다. 그는 갑자기 휘파람을 불더니 큰 소리로 외쳤다. "거참! 섹시한 여자로군!" 친구는 주위를 두리번거리며 물었다.

"누구 말인가? 내 눈엔 젊은 친구 몇 명밖에 안 보이는데?"

"앞이 아니라 우리 바로 뒤에 있는 여자 말이네."

그 말을 들은 친구가 뒤를 힐끔 돌아보고는 깜짝 놀라며 말했다. "아니, 자넨 뒤통수에 눈이라도 붙었는가?" 그러자 심농이 천연덕스럽게 대답했다. "아니 그럴 리가 있겠나? 단지 우리 앞에 있는 저 젊은 친구들의 눈길에서 그녀를 본거야."

아름다움에 반하는 것은 누구나 마찬가지이다. 심농은 젊은이들의 황홀한 눈빛을 통해 뒤쪽 여인의 외모를 읽어냈다. 관찰력이 예리하면 뒤통수에 눈이 달린 것과 마찬가지인 셈이다.

조르주 심농^{Georges Simenon, 1903 - 1989}
벨기에의 소설가. 1919년 열여섯의 나이로 『가제트 드 리에주』지의 기자가 된다. 1922년 파리 북역에 발을 디딘 후 20여 개의 필명으로 대중 소설들을 써내며 작가적 입지를 굳혀 나간다. 심농의 작품을 바탕으로 한 영화가 지금까지 프랑스에서만 50편이 넘게 제작되고, 텔레비전 시리즈로도 끊임없이 제작되는 등 심농은 프랑스는 물론이고 전 세계적으로 가장 사랑받는 작가로 우뚝 선다.

16. 상대방을 제압할 수 있는 급소

상대가 만만치 않아 힘으로도 누를 수도 없고 유혹할 수도 없는 경우가 종종 있다. 호랑이도 졸 때가 있으므로 바로 그때를 놓치지 않고 공격하듯, 사람에게도 급소가 있는데 그곳을 공격하면 쉽게 상대방을 제압할 수 있다.

장의張儀는 초나라에 유세하러 갔으나 일이 마음먹은 대로 되지 않았다. 생활마저 어려운 막다른 곳에 몰린 그는 한 가지 비책을 가지고 초나라 왕을 만났다.

"폐하, 진나라에 가볼까 합니다. 진나라에는 자원이 풍부한데 꼭 갖고 싶은 것은 없는지요?" "우리나라에는 황금, 구슬, 상아, 무소 뿔 등 없는 것이 없소. 별로 갖고 싶은 게 없구려." "여자도 많다는 건가요?" "그것만은…" "정나라, 진나라에는 길에서도 흔히 볼 수 있는 선녀처럼 아름다운 여자가 많습니다." "우리나라는 중원에서 멀리 떨어져 있기 때문에 아무래도 예쁜 여자들과는 거리가 멀다오. 부디 그런 여자를 구해주기 바라오." 이리하여 장의는 초왕으로부터 미녀를 모집하는데 필요한 자금을 듬뿍 받게 되었다. 여자라면 사족을 못 쓰는 초왕의 약점을 공격하며 멋지게 성공한 것이다.

장의張儀 ? – BC 309
중국 전국시대 위나라의 모사. 소진의 주선으로 진나라에서 벼슬살이를 하게 되어 혜문왕 때 재상이 되었다. 연횡책을 주창하면서, 위 · 조 · 한나라 등 동서로 잇닿은 6국을 설득, 진나라를 중심으로 하는 동맹관계를 맺게 하였다.

17. 단순한 위인

간디는 때로는 우스울 정도로 단순했다. 언젠가 그는 3등차에 타고 있는 아내로 하여금 2등차의 화장실을 쓰게 하는 데도 양심의 가책을 느끼고 있었다.

한 번은 배 위에서 친구에게 값비싼 망원경을 바다에 내던지라고 설교한 일도 있었다.

남아프리카에서 감옥에 갇혔을 때에는 간수장의 만류를 뿌리치고 자기가 직접 화장실을 청소하겠다고 나섰다. 남아프리카에서 간디는 옷 빠는 것을 배웠고 자기 옷의 칼라에 풀을 먹였으며 스스로 자기 머리를 깎는 것도 배웠다.

한 가지 거짓말 같은 우스운 이야기가 있는데 영국 사람이 기차 정거장에서 그에게 "어이, 쿠울리!"하고 부른 적도 있었다고 한다. 그때도 그는 순순히 영국인의 가방을 들고 기차까지 날라다 주었다고 한다.

간디|Mohandas Karamchand Gandhi, 1869 - 1948

인도의 민족운동 지도자이자 인도 건국의 아버지. 인도 서부 포르반다르에서 태어났으나 남아프리카에서의 인종차별에 대한 투쟁으로 유명해졌다. 제1차 세계대전 이후 영국에 대해 반영·비협력 운동 등의 비폭력 저항을 전개하였다. 저서로『인도의 자치自治』가 있다.

4

처세에 대한 철학만담

"모든 화는 말에서 비롯된다.
입은 일日, 월月, 성星의 '삼진三辰'을 기록하고,
금, 수, 목, 화, 토의 '오행五行'을 널리 알리고자 있는 것이다.
그런데 입에서는 이와 함께 모든 화가 나온다."
말이 많으면 실수도 많다고 그러지 않았던가?
그래서 우리는 언제나 신중하게 말해야 하고
불필요한 말은 삼가야 한다.

- 권인백잠權忍百箴

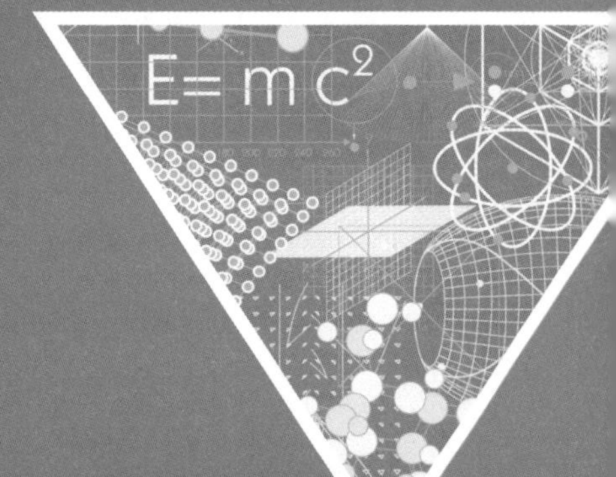

1. 지조있는 청빈자의 모습

당시 재무장관을 역임한 오스본_{Osborne, Thomas Burr}은 옛 동창인 마빌을 찾아가 국회에서 여당을 위해 한 표 던져줄 것을 설득하려 했다. 마빌의 집 앞에 도착한 오스본은 깜짝 놀랐다. 야당 생활을 하면서도 그는 다른 사람 집의 지붕 밑 다락방 한 칸을 빌려서 살고 있었다. 곧 두 사람은 옛날 학생 시절을 떠올리며 허물없이 즐겁게 담소를 나누었다. 대화 중에 오스본은 마빌이 야당 의원 중에서도 가장 의지가 확고한 국회의원이라는 것을 느끼게 되었다. 그러나 그런 내색을 하지 않고 끝까지 즐거운 시간을 보냈다. 그리고 작별할 때 오스본은 힘들게 사는 마빌의 손에 순수한 우정으로 천 파운드짜리 수표 한 장을 쥐어 주고 마차에 올랐다.

"각하! 잠깐 할 말이 있으니 잠시 내려주시오." 하고 마빌은 소리쳐 오스본을 불렀다. 마빌의 생각이 혹시 바뀐 것이 아닌가 하고 오스본은 마차에서 내려 마빌이 이끄는 대로 다시 그 다락방으로 올라갔다. 마빌은 심부름하는 아이에게 물었다.

"제크, 어제 저녁 식사는 무엇이었지?"

"양고기 한 조각을 구워서 잡수시지 않았어요?"

"아, 그랬지. 그럼 오늘 저녁 식사는?"

"살이 좀 붙어 있는 쇠뼈다귀를 사 두었잖아요?"

"참, 그랬지. 그래 알았다. 그만 내려가거라." 그리고 마빌은 오스본을 보며 말했다.

"들으신 바와 같이 나는 매 끼니에 먹을 식사가 준비되어 있소.

이 수표는 감사하지만 도로 받으시오. 내가 투표할 사람은 이미 정해져 있으니 여당에 협력할 인물은 딴 곳에서 찾으시오."

오스본Osborne, Thomas Burr, 1631 - 1712
영국의 정치가. 찰스 2세 당시 재무장관을 역임한 백작.

2. 야유와 농담이 갖는 진심과 진의

야유와 농담은 가볍게 들리지만 진심이나 진의가 숨겨진 경우가 많다. 특히 히틀러와 관련된 에피소드가 많다.

독재자 히틀러는 총통 취임 후 한번은 정신병원을 시찰했다. 히틀러가 휴게실에 들어오자 전원이 "하이 히틀러!" 하고 경례를 하였다. 그런데 구석에 서 있는 사람은 그냥 묵묵히 서 있기만 했다.
"왜 나에게 경례를 하지 않나?" "각하, 저는 간호사입니다. 저는 미친 사람이 아닙니다."

어느 날, 히틀러가 다시 병원을 찾아 환자들을 돌아보았다.
병원장은 그 중에 한 환자를 가리키며 "이 사람은 자기가 나폴레옹이라고 우긴답니다." 라고 말하였다. 그래서 히틀러가 직접 물었다.
"내가 누군지 아는가?"
"모르겠는데?"
"내가 총통 아돌프 히틀러다!" 그 남자는 히틀러의 어깨를 토닥거리며 말하는 것이다.

"나도 전에는 그랬다네."

히틀러는 민정을 살피려고 가발을 쓰고 수염을 깎아 변장을 하고 거리에 나섰다. 그는 맨 처음 만난 남자에게 물었다. "총통을 어떻게 생각하시오?" 그 남자는 소곤거렸다. "이런 길거리에서 말할 수는 없지요."하고 말한 그 남자는 히틀러를 뒷골목의 호텔로 데리고 가서 주변을 잘 살핀 후 방문을 잠그고 히틀러에게 속삭였다. "나는 히틀러를 지지하고 있습니다."

히틀러 Adolf Hitler, 1889 - 1945
독일의 독재자. 반유태주의와 게르만 민족의 우월성을 표방하고 제2차 세계대전을 일으켰다. 저서로는 『나의 투쟁』이 있다.

3. 고집불통이던 보초병의 승진

어느 날, 나폴레옹 Napoleon은 아군의 경계태세를 살피기 위해 적진 가까이 있는 진지를 순찰했다.

"정지! 누구야?" 라는 병사의 말에 나폴레옹은 위엄 있는 목소리로 대답했다.

"나다."

"나다가 누구야?"

"나폴레옹이다. 너희들이 맡은 바 임무를 충실히 하고 있는지 살피기 위해서 나왔다. 어서 나를 통과시켜라!"

"움직이면 쏜다!"

"보초, 나는 나폴레옹이란 말이다. 어서 총을 내려!"

"그런 소리 말고 어서 돌아가십시오! 아무리 총지휘관님이라 해도 저의 직속상관의 명령 없이는 통과시킬 수 없습니다!"

"정말 안되겠나?"

"예. 절대로 안되겠습니다."

"그렇다면 할 수 없군."

결국 나폴레옹은 그냥 자기 막사로 되돌아가고 말았다. 다음날 나폴레옹은 날이 밝기 무섭게 고집불통이던 간밤의 그 보초를 불렀다.

"부름을 받고 왔습니다!"

"응. 좋아. 자네 간밤에 나를 통과시켜 주지 않는데 대해서 어떻게 생각하나?"

"프랑스를 위해서 싸우는 한 군인으로서 맡은 바 임무를 완수했다고 생각합니다. 간밤에 장군님을 통과시키지 않은 것이 죄라면 그에 대한 벌을 달게 받겠습니다."

나폴레옹은 고집스럽고 용기 있는 그 병사의 태도가 마음에 들었다. "하하하…! 좋아. 자네야말로 훌륭한 군인일세. 내 당장 육군 소위로 승진시켜주지."

나폴레옹Napoleon Ⅰ, 1769 - 1821
프랑스의 황제. 러시아 원정에 실패하여 퇴위하다. 워털루 전투에 패하고 세인트헬레나 섬에 유배되어 그곳에서 사망하다.

4. 독서로 꿈을 키운 소년

　링컨Abraham Lincoln은 가난한 집에서 태어났다. 그는 어릴 때부터 책 읽기를 좋아했지만 집안 형편이 너무 어려워 책을 살 수가 없었다. 그리하여 그는 종종 이웃 부잣집에 가서 책을 빌려다 읽곤 하였다.

　한번은 미국의 국부國父인 조지 워싱턴의 전기를 빌려다 읽었다. 그는 워싱턴의 위대한 인격과 생애에 매료되어 밤이 깊은 줄도 모르고 늦게까지 책을 읽다가 잠이 들었다.

　이튿날 아침, 눈을 뜬 링컨은 깜짝 놀랐다. 간밤에 내린 비가 그의 통나무 집 지붕을 뚫고 들어와 워싱턴의 전기를 적셔 버린 것이었다.

　링컨은 즉시 이웃집을 찾아가 사과하고 책을 훼손시킨 대가로 그 집의 집안일을 해주었다. 책 주인은 링컨의 착한 마음씨에 감동하여 그 책을 선물로 주었다.

　링컨은 너무나 좋아서 뛸 듯이 기뻐하며 집으로 돌아왔다. 링컨은 그 책을 몇 번이고 되풀이하여 읽으면서 훗날 워싱턴 같은 큰 인물이 되기로 마음먹었다. 조지 워싱턴은 어느새 소년 링컨의 롤모델로 가슴 깊이 자리잡게 되었다.

　그로부터 몇십 년이 흘렀다. 마침내 역대 미국 대통령 중 가장 위대한 대통령이 탄생했다. 미국을 이끌어 갈 새 대통령의 이름은 에이브라함 링컨, 조지 워싱턴의 전기를 몇 번이고 되풀이해서 읽으며 자신만의 꿈을 키워왔던 그 가난한 소년이었다.

링컨Abraham Lincoln, 1809 - 1865
미국의 제16대 대통령. 남북전쟁에서 승리해 연방을 보존하고 노예를 해방시키다.

5. 마음으로 표현한 평가

『가난한 사람들』을 탈고한 도스토예브스키Dostoevski가 시인이며 비평가인 네그라소프에게 글을 보내 놓고 그의 평가가 궁금하여 사흘 밤을 꼬박 뜬 눈으로 지새웠다.

새벽 네 시가 되자 초인종이 요란스럽게 울렸다. 도스토예프스키는 기다렸다는 듯 문을 열었다. 그러자 네그라소프와 또 한 친구가 뛰어들어 왔다.

그들은 단 한마디의 말도 없이 도스토예프스키를 끌어안은 채 한참을 눈물만 흘릴 뿐 격한 감정을 억제하지 못했다.

> 도스토예프스키Dostoevski, Feder Mikhailvicho, 1821 - 1881
> 러시아의 저명한 작가. 그의 저서로는 『가난한 사람들』, 『죄와 벌』, 『카라마초프의 형제』 등이 있다.

6. 나만의 것이 아닌 만인의 소유

미국의 한 기자가 퀴리 부인과 인터뷰를 했다. '당신의 소원은 무엇입니까?' 라는 질문에 퀴리 부인이 대답했다. "단 1그램이라도 좋으니 연구를 위해서 마음대로 쓸 수 있는 라듐을 얻는 것이 소원입니다." 기자는 라듐을 발견한 사람이 그것이 부족하다고 한탄하는 게 의아했다. 그래서 여기자는 오히려 이상하다는 듯 물었다. "당신이 발견한 라듐이 있지 않습니까? 그건 어떻게 하셨습니까?" 퀴리 부인이 대답했다.

"우리가 가지고 있던 1그램의 라듐은 연구소에 기부했습니다."

"하지만 당신은 당신이 발견한 라듐에 대해서 특허를 받고 큰돈을 받게 되면 그 돈으로 얼마든지 라듐을 다시 살 수 있지 않습니까?" 그러자 퀴리 부인이 웃으면서 말했다.

"원소는 만인의 것입니다."

> **퀴리**Marie Curie, 1867 - 1934
> 프랑스의 여류 물리학자. 화학자. 우라늄의 방사능을 연구하여 새로운 방사성 원소 라듐과 폴로늄의 조재를 발견. 위대한 업적을 남긴 불굴의 여성상이다.

7. 대통령의 부인이자 국모인 '마샤'

1789년 조지 워싱턴George Washington이 미국 초대 대통령으로 당선되자 그의 부인 마샤Martha는 기쁘면서도 당혹스러웠다. 대통령의 부인으로서 어떻게 행동해야 하는지에 대해 선례가 없었기 때문에 자신이 관례를 만들어 나갈 수밖에 없는 상황이었기 때문이다.

남편의 취임 후, 최초의 리셉션에서 마시는 차와 과자로 손님을 대접하고 명랑하게 그들과 이야기를 나누며 가능한 한 소박하고 민주적인 분위기를 만들려고 노력했다. 그러자 "저래서는 품위가 없다"는 비판이 나왔다. 다음 리셉션에서는 다소 점잖게 했다. 그러자 이번에는 "왕의 흉내를 내고 있다."고 또 비난을 받았다. 그리하여 마샤는 상당히 피곤했다. 그러나 그녀는 남편의 체면을 손상시키지 않기 위해 애썼다. 대통령의 가정을 지키는 것도 이만저만한 일이 아니었다. 대통령의 봉급이라고 해서 대단한 것이 아니었기 때문에 마샤는 살림을 꾸리며 초라한 옷을 입고 고용인들에게 지시를 하면서 지하실까지 둘러보았다.

마샤는 치장하지 않는 담백한 성격이었다. "정치 문제 등에 결코 입을 열지 않았다."라고 해서 남편의 일에 무관심했던 것은 아니다. 워싱턴과 부통령 아담즈는 각자 자존심이 강한 탓도 있어서 특히 아웅다웅 했지만 마샤는 친구인 아담즈의 부인 아비겔과 협력하여 남편들을 화해시키려고 노력했다. 이리하여 마샤는 점차 사람들의 애정과 존경을 받게 되었으며 대통령 관저를 방문하는 사람들은 유쾌한 접대에 감격하게까지 되었던 것이다.
마샤는 남편 조지에게 있어서는 최대의 위로이며 미국의 민중에게는 "국모"였다.

워싱턴George Washington, 1732 - 1799
미국의 초대 대통령. 건국의 아버지로 불림. 프랑스 혁명에 따른 영불英佛전쟁 때 중립을 지켰다.

8. 대처 수상의 주부생활

한 가정의 주부이자 두 자녀의 어머니이기도 한 대처^{Margaret Thatcher} 여사가 서구 최초의 여성 수상이 되었다. 영국 여왕이 내각 수상을 지명하면서 여성의 손에 키스하기도 역사상 처음 있는 일이었다.

"여성 해방 운동을 소리 높여 외치는 사람을 나는 싫어합니다. 문제는 남녀의 구별이 아니라 능력의 차이입니다." 대처 수상은 영화의 한 스크린처럼 거침없이 전개시켜 나갔다.

"한 가정을 꾸려 나가는 것이 결코 쉽지 않다는 것을 체험한 여성이라면 한 국가의 경영이 쉽지 않으리라는 것쯤은 누구나가 이해할 수 있을 거예요." 이렇게 한 가정의 주부에서 자신은 국가 정치인으로 변해갔다. 그녀의 일생은 어려서부터 지금에 이르기까지 검소라는 두 글자로 요약할 수 있다.

일요일에는 뜨개질까지도 삼가야 한다는 엄격한 감리교의 가정에서 자라난 마가렛은 간소한 차림새와 근로를 존중하는 인생관이 몸에 배어 있었다. "아무리 정치 일정에 바쁘더라도 매기는 아침 6시반에는 일어나서 식사 준비를 하지요." 이렇게 그의 남편은 말하고 있다. 구멍가게라고 할 수 밖에 없는 조그만 식료품 상점의 딸로 태어난 매기가 영국 수상이 된 과정이야말로 하나의 세계적인 드라마가 아닐 수 없다.

> **마가렛 대처**^{Margaret Thatcher, 1925 - 2013}
> 영국의 정치가. 1979년부터 1990년까지 영국 수상을 역임. 1976년 소련의 군비 확충은 침략을 넓히기 위함이라며 신랄하게 풍자하며 소련정부로부터 그녀를 "철의 여인"이라고 불렀다.

9. 현종의 재담

당나라 임금 현종玄宗에게는 한휴韓休라는 충직한 재상이 있었다. 한휴는 직언을 서슴지 않기로 유명해 늘 바른 말을 그치지 않았기 때문에 현종이 그를 두려워하고 피해 다닐 정도였다.

한창 기분 좋게 연회를 베풀다가도 조금 지나치다 싶은 점이 있으면 현종은 좌우 대신들을 돌아보며 이렇게 묻곤 했다. "혹시 한휴가 눈치 채지 않았을까?" 현종의 직감은 틀리지 않았다. 뒤이어 득달같은 한휴의 상소문이 도착했다. 그러는 동안 현종은 나날이 여위어 갔는데 어느 날 보다 못한 한 신하가 현종을 알현하여 말했다. "한휴를 재상으로 삼은 뒤부터 폐하께서는 나날이 수척해지고 있습니다. 이제 그만 그를 물리치심이 어떨는지요?" 그러자 현종은 긴 한숨을 내쉰 다음 이렇게 말하는 것이다.

"그대 말이 옳소. 하지만 내가 마르는 동안 백성들과 천하가 살찌지 않았소?"

한휴韓休, 673 - 740

당나라 경조 장안 사람. 자는 양사良士다. 머리가 뾰족해 필두공筆頭公으로 불렸다. 한 대민韓大敏의 조카다. 문사文辭에 뛰어났고, 매우 강직하여 정치의 득실에 대해서는 그 말을 아낀 적이 없어 송경宋璟이 탄식하며 인자仁者의 용勇이라 말했다.

10. 유대인 처세술

카톨릭 신부와 프로테스탄트^{Protestant}의 목사, 그리고 유대교의 랍비_{유대교의 율법교사에 대한 경칭} 세 사람이 함께 식사를 했다. 세 사람 앞에는 아주 맛있게 보이는 커다란 물고기 한 마리가 요리되어 나왔다.

먼저 카톨릭 신부가 말했다. "로마 교황은 교회의 머리이니까 나는 머리 부분을 먹겠소."하고 그는 고기를 반으로 잘라 머리 부분을 자기 접시에 놓았다. 다음은 프로테스탄트 목사가 말했다. "우리들은 최후의 진리를 장악하고 있소. 그러므로 나는 꼬리 부분을 먹겠소."라고 말하고는 꼬리가 붙은 나머지 반 토막을 자기 접시로 가져갔다.

유대교 랍비에게는 소스와 야채가 조금 남겨져 있을 뿐이었다. 랍비는 "유대교에서는 양 극단을 싫어하지요." 라고 말하면서 야채와 소스를 자기접시로 옮겨 갔다. 유대인의 처세술이 극단적으로 살아가는 것보다는 균형을 취하는 것을 중요시 한다는 걸 보여준다.

11. 대통령의 어머니

대통령이 되고 난 뒤 워싱턴은 처음으로 어머니가 살고 계시는 고향으로 갔다.

남들 같으면 집도 너르게 하고 크게 잔치를 벌여 환영할 일이었지만 그의 어머니는 이전과 다름없이 검소한 모습으로 아들을 맞아들였다.

빵가루가 묻은 손을 앞치마로 닦으며 어머니가 아들에게 한 첫마디는 이랬다.

"아들아. 마침 잘 왔다. 내가 지금 너에게 주려고 맛있는 과자를 만들고 있는 중이란다." 아들 손을 한번 잡아본 어머니는 곧장 주방으로 들어갔다. 워싱턴을 따라온 많은 수행원들은 "저분이 정말 대통령의 어머니란 말인가?" 하고 놀랐지만 정작 워싱턴은 더없이 기쁜 표정으로 일행을 돌아보며 말했다.

"여러분. 제 어머니께서 과자를 만들어 주신답니다! 어머니는 제가 어릴 때부터 과자를 자주 잘 만드셨어요! 자, 다들 안으로 듭시다." 일행이 비좁은 집 안에 들어가 간신히 자리를 잡고 앉았을 때 워싱턴이 주방의 어머니께 다가가 말했다. "일일이 직접 만드시면 힘이 드니까 앞으로는 일하는 사람들을 써서 하세요. 어머니는 감독만 하셔도 되잖아요?" "아니다. 대통령이 나온 마을에서 가난한 사람에게 피해를 입혀서는 안 된다. 나는 앞으로 좀 더 열심히 일해서 그 수입의 일부를 가난한 사람들을 위해 도울 작정이다."라고 말하고 나서 다시 말을 이었다. "이건 너랑 전혀 상관없는 일이다. 만약 네가 끝까지 내 일을 방해한다면 나는 대통령의 어머니 따위는 언제라도 그만 두겠다." 이 말을 들은 수많은 수행원들은 대통령 어머니의 높은 기품과 정신에 감동하지 않은 사람이 없었다.

워싱턴George Washington, 1732 ~ 1799
미국 초대 대통령. 대통령 취임 이후 여러 세력의 단합을 통해 신생 미국의 기반을 다졌다. 미국 건국의 아버지로 불림.

12. 때를 만나지 못한 것이다

어느 날, 장자莊子는 군데군데 꿰맨 베옷을 입고 헤어진 짚신을 신고 위나라의 혜왕을 만나러 갔다. "선생은 어째 그처럼 피폐하십니까?"라고 혜왕이 물었다. "폐하. 이것은 가난한 것이지 피폐한 것이 아닙니다. 선비로서 도덕을 가지고도 행하지 않는 것은 피폐한 것이지만 옷이 해지고 신이 뚫어진 것은 가난한 것이지 피폐한 것은 아닙니다. 이것이 이른바 때를 만나지 못했다는 것입니다. 폐하는 저 나무를 오르는 원숭이를 보지 못했습니까? 그놈들이 들메나무나 녹나무, 여장 녹나무 중 하나 같이 곧고 좋은 나무를 만나서 그 가지를 붙들고 기세를 뽐내고 있을 때는 비록 예羿, 봉몽의 사부나 봉몽逢蒙처럼 활의 명수라 해도 날쌘 그를 활로 쏘아 맞추지 못할 것입니다. 그러나 그 놈이 산뽕나무나 가시나무, 탱자나무 따위의 가시가 돋친 나무를 만나게 되면 조심스러운 걸음걸이에 힐끔힐끔 사방을 돌아보고 벌벌 떨면서 두려워하는 것입니다. 이것은 위난을 당해서 그 몸이 굳어진 것이 아니라 그 형세가 편하지 못해서 그 능력을 충분히 발휘하지 못했기 때문입니다." 라고 장자가 대답했다.

어느날 장자莊子가 복수라는 강에서 한가로이 낚시를 즐기고 있는데 초나라 왕이 보낸 두 신하가 찾아와 나라 안의 정치를 맡기고 싶다는 왕의 전갈을 전했다. 장자는 낚싯대를 손에 쥔 채 그들을 돌아보지도 않고 말했다.

"내가 듣기에 초나라에는 죽은 지 3천년 된 훌륭한 등껍질을 가진 거북을 가지고 있다고 들었는데 왕께서는 그것을 헝겊에 싸서

상자에 소중하게 간직하고 있다고 하더군요. 그런데 이 거북이는 죽어서 자신의 뼈가 소중하게 받들어지기를 바랄까요. 아니면 살아서 진흙 속을 꼬리를 끌며 다니기를 바랐을까요?"

두 신하는 어리둥절하여 서로 쳐다보다가 잠시 생각해 보고는 대답했다. "그야 당연히 살아서 진흙 속을 꼬리를 끌며 다니기를 바랐을 테죠." 그러자 장자가 말했다. "어서 돌아가시오. 나도 진흙 속에서 꼬리를 끌며 다닐 테니까."

> **장자**莊子, 기원전 4세기 경
> 중국 전국 시대의 사상가. 도가 사상의 중심인물. 자연으로 귀의할 것을 주장. 저서로는 『장자』가 있다.

13. 중국식 간언諫言

군주의 과오를 알면서도 간언하지 않으면 신하로서의 불충이 되고, 군주에게 세 번 간하면 군주가 받아들이든 안 받아 들이든 간에 그것은 신하의 의무는 벗어나게 된다는 것이 중국의 예의이다.

상대인 군주가 어떤 인물 됨됨이를 가진 사람인가에 의해 달라지기도 하지만 간언에는 신변의 위협이 따르기 마련이다. 『공자가어』에 간언에는 5종류가 있다고 했다.

첫째, 휼간譎諫 : 넌지시 비치어 완곡하게 말을 하며 얼버무린다.
둘째. 당간戇諫 : 말을 꾸미지 않고 고지식하게 말한다.

셋째, 항간^{降諫} : 겸손한 태도로 간한다.

넷째, 직간^{直諫} : 정면에서 곧이곧대로 간한다.

다섯째, 풍간^{諷諫} : 말을 멀리 돌려서 완곡하게 간한다.

공자는 풍간이 가장 좋다고 했다. 신변의 위험성을 피할 수 있는 가능성이 가장 높기 때문이라고 했다. 군주라 해서 모두가 간언을 기꺼이 받아들이는 인물이 아니다. 오히려 그렇지 않은 군주가 훨씬 많다. 그러므로 간언할 때는 반드시 방법을 연구하고 신중해야 한다.

이것은 인간관계 더 나아가서 친구관계에 있어서도 크게 다를 바가 없다. 공자는 "상대가 잘못을 저질렀을 때는 성의를 가지고 충고하는 것이 좋다. 그래도 안 되면 잠시 상황을 지켜보라. 너무 집요하게 굴면 본인이 싫은 생각만 하게 되므로 효과가 없다." 라고 말하였다.

14. 시기를 놓친 결단

진시황은 기원전 201년, 동부지방을 순행 중에 병을 얻어 사구^{沙丘, 지금의 하북성 광종}라는 곳에서 급사했다. 그때 수행한 것은 둘째아들 호해^{胡亥, BC 229? - BC 207}와 재상 이사^{李斯}, 그리고 옥새를 맡고 있는 환관 조고^{趙高}였다. 진시황은 임종의 자리에서 조고에게 장남 부소^{扶蘇}에게 뒷일을 맡긴다는 유언을 맡겼다. 하지만 조고는 부소를 못마땅하게 여겼기에 그가 황제가 되면 자신의 입지가 우려되어 그 유언을 변조하려고 호해를 설득했다. "이 유서대로라면 형님이 황제가 되어 모든 것을 차지하고 당신에게는 아무것도 돌아가지 않습니다." 황제의 자리를 호해에게 물려주는 것으로 유서의 내용을 고치려는 것이었다. 처음에 호해는 거절했지만 나중에는 동의했다. 다음에는 재상인 이사의 동의를 얻어야 했다. 조고는 별의별 감언이설로 끈질기게 이사를 설득했다. 물론 이사도 처음에는 단호하게 거절했다. 그러나 조고의 설득이 협박으로 변하자 태도를 바꾸었다. 지식인의 허약함이 드러난 것이다.

이윽고 호해는 진나라 2세 황제로 즉위했다. 이사는 이름만의 재상이지 실권은 모두 조고에게 돌아갔고 정치는 엉망이었다. 지식인으로서 이사는 황제에게 간언을 거듭했지만 이미 때가 늦었다. 황제의 유언을 변조할 정도의 악인인 조고에게는 세상 물정 모르는 허수아비 황제 호해와 학자 출신 재상 이사 사이를 갈라놓는 일쯤은 손쉬운 일이었다.

결국 이사는 반란을 도모했다는 죄명으로 투옥되어 처형되고 만다. 진시황이 죽은 직후의 그 결정적인 순간에 결단을 잘못 내린 것이 결정적으로 이사의 운명을 바꿔 놓은 것이다.

진시황秦始皇, BC 259 – BC 210

전국 칠웅 진나라의 제31대 왕이자, 중국 최초의 황제이다. 불로불사에 대한 열망이 컸으며, 대규모의 문화탄압사건인 분서갱유사건을 일으켜 수 양제와 더불어 중국 역사상 최대의 폭군이라는 비판을 받았다. 하지만 도량형을 통일하였고 전국시대 국가들의 장성을 이어 만리장성을 완성하였다. 분열된 중국을 통일하고 황제 제도와 군현제를 닦음으로써, 이후 2천년 중국 황조들의 기본틀을 만들었다.

15. 드골의 선견지명

제1차 세계대전 종전 후, 드골^{de Gaulle}은 "다음 번 전쟁은 탱크전이 될 것이다." 라고 예측했다. 그리고 1932년에 드골이 발표한 『직업군대』와 『미래의 육군』이라는 두 권의 저서에는 우수한 장갑부대야말로 미래전쟁에서 승부를 결정짓는 중요한 공격적인 역량이 될 것이라고 밝혔다.

당시 프랑스 군대조직이 드골의 예측을 무시했던 반면, 독일의 군관들은 드골의 예측을 중요하게 받아들였다. 제2차 세계대전이 일어났다. 1940년 5월 독일은 대규모 탱크부대를 이용하여 프랑스를 공격했다. 프랑스는 한달 반 만에 독일에 항복했다.

프랑스인들은 "독일인들은 단돈 15프랑^{드골의 책 가격}으로 전쟁에서 승리했다"고 말하며 패배를 안타까워했다. 드골의 선견지명을 알아보지 못하고 장기적 계획을 세우지 못했던 프랑스는 이로 인해 전쟁의 주도권을 상실하고 말았다.

16. 혀로 천하를 움직인 장의

기원전 4세기 말, 위나라 장의^{張儀}는 가정이 찢어질 듯 가난했지만 출세하고자 하는 의지가 대단해서 궤변에 뛰어난 귀곡자 선생을 찾아가 공부를 하고, 공부를 마친 다음에는 자기를 기용해 줄 사람을 찾았다. 결국 그는 초나라 재상인 소양의 식객이 되었다.

어느 날, 소양이 왕으로부터 하사받은 화씨벽이라는 보석을 자랑하기 위해 잔치를 벌였다. 그런데 연회 석상에서 보석이 없어졌다. 모두들 가난뱅이 장의가 훔쳤다고 의심을 했다. 심지어 소양까지도 그렇게 생각하고 장의를 다그쳤다. 그러나 장의는 절대 그런 일이 없노라고 완강하게 부인해 나섰다. 마침내 자백할 때까지 때리며 매질을 했다. 그러나 장의는 끝내 그러지 않았다고 버티었다. 할 수 없이 소양은 그를 고향으로 내쫓았다.

반죽음이 되어 고향에 돌아온 장의를 보고 그의 아내가 기가 막혀 눈물을 흘리며 말했다. "그냥 남들 사는 것처럼 조용히 살지 않고 괜히 공부를 하느니 유세를 하느니 하기에 이런 억울한 봉변을 당하는 겁니다." 그러나 장의는 아내의 호소에도 아랑곳하지 않고 느닷없이 혀를 내밀며 말했다.

"내 혀를 보시오. 아직 있지요." "네 있습니다." "그러면 걱정 없소." 몸이 어떻게 싱하든 비록 절름발이 되고 팔이 없어진다 해도 혀만 건재한다면 자기는 천하를 움직일 수 있다는 뜻으로 장의는 말했다. 뒷날 장의는 진나라에 가서 재상으로 출세해 그 혀로 천하를 움직였다.

장의張儀, ? - BC 309

중국 전국시대 위나라의 모사. 소진의 주선으로 진나라에서 벼슬살이를 하게 되어 혜문왕 때 재상이 되었다. 연횡책을 주창하면서, 위 · 조 · 한나라 등 동서로 잇닿은 6국을 설득, 진나라를 중심으로 하는 동맹관계를 맺게 하였다.

17. 발분흥기發憤興起

소진蘇秦은 전국에 자신을 알리는 유세游說를 떠났지만 전혀 성과를 얻지 못하고 초췌한 모습으로 고향으로 돌아왔는데 그를 기다리고 있는 것은 부모와 형제의 냉대와 비웃음뿐이었다. 끝내는 형수한테까지 바보 취급을 받았다.

그러나 소진은 용기를 잃지 않고 "두고 보자"라며 이를 악물고 발분하였다. 소진은 밤에는 수십 권의 책을 쌓아 놓고 독서에 힘썼다. 특히 태공망의 병법을 알고 나서는 그것을 암기하고 요약했으며 유세학열국의 형세를 꿰뚫고 이해득실을 따져 최소한의 희생으로 최대의 이익을 챙기는 방법을 연구하는 실리주의 학문을 계속 연구하였다. 독서하다 졸리면 송곳으로 허벅지를 찔러 잠을 쫓았다고 한다.

이렇게 하기를 1년, 마침내 연구에 성공하여 귀곡자의 '췌마'의 술법을 터득했다. '췌마'란 상대방의 마음을 추리하는 일종의 독심술이다.

소진이 훗날, 유세가游說家의 거물로 이름을 떨친 것은 이 같은 엄청난 노력이 가져다 준 것이다. 실패가 오히려 후일의 성공을 만들어 준 것이다.

소진蘇秦
처음에는 진나라의 혜왕에게 유세했으나 기용되지 않았다. 후에 연나라의 문후에게 기용되어 동방 6국을 설득하고 합종동맹合縱同盟을 체결해 진에 대항했다.

18. 안주하면 진보도 없다

춘추시대 진나라 문공文公의 망명생활이 12년째였다. 제나라 임금은 문공이 아주 마음에 들어서 자기 밑에 영원히 머물러 있게 하고자 문공에게 극진한 대우를 베풀고 강씨라는 아름다운 아가씨까지 배필로 맞게 해주었다. 문공이 생각지도 못했던 이 환대 속에서 강부인과의 사랑에 빠져 있는 동안 어언 5년이라는 시간이 흘렀다.

망명의 길을 함께하고 있던 심복들은 마음이 초조했다. 어느 날, 남들 눈에 띄지 않게 뽕나무 밑에서 모여 귀국할 의논을 하고 있는데 마침 뽕을 따고 있던 강부인의 시녀가 이들의 얘기를 엿듣게 되었다. 시녀는 이 사실을 부인에게 알렸다. 그러나 강부인은 그 시녀를 죽인 뒤 문공에게 이렇게 말했다.

"당신에게 천하의 뜻이 있음을 엿들은 자가 있어 곧 처치하도록 했습니다." 그러나 문공은 귀찮다는 듯이 말했다. "일생을 이렇게 평온무사하게 보내기만 한다면 다른 일은 아무래도 좋아. 나는 여기에 뼈를 묻을 작정이고 딴 곳에 갈 생각은 없소." 귀국 같은 건 전혀 염두에도 없다는 그런 안이한 태도였다. 이때 강부인이 이렇게 말하였다. "지금의 생활에 만족하여 그날 그날 편안한 삶만 보내고 있다가는 성공 같은 건 바랄 수도 없어요."

얼마 후 제나라를 떠난 문공은 다시 여러 나라를 2년간 떠돌다가 귀국하여 왕위에 올라 패자로서 천하를 호령하게 되었다. 이때 강부인의 질타가 없었더라면 아마도 문공의 폐업은 없었을 것이다. 강부인의 덕택으로 문공의 이름은 역사에 새겨지게 되었으나 제나라에 남았던 강부인의 이야기는 사서에 아무런 기록도 없다.

19. 정치와 전쟁을 비교

영국 수상 처칠은 정치와 전쟁에 대한 기자의 질문에 다음과 같이 대답했다.

"정치라는 것은 전쟁 못지않게 사람들을 흥분시키는 것이며 또 마찬가지로 위험하기도 합니다. 그러나 전쟁에서는 단 한번만 죽으면 되지만 정치에서는 여러 번 희생해야 한다는 점이 다를 뿐입니다." 제 2차 세계대전 중 처칠이 루스벨트 미 대통령을 방문한 일이 있었다.

백악관에 여장을 푼 처칠이 막 목욕을 마치고 거실로 돌아 왔을 무렵에 루스벨트가 처칠의 거실을 노크했다. 들어와도 좋다는 응답을 받고 문을 연 루스벨트는 깜짝 놀랐다.

실오라기 하나 걸치지 않은 처칠이 그의 별명인 불독처럼 버티고 서서 빙그레 미소를 짓고 있는 것이 아닌가. 루스벨트 대통령이 무안해서 실례했다며 되돌아가려 하자 처칠은 껄껄 웃었다.

"허허. 우리 대영 제국은 미국에 대해서 아무것도 감추어야 할 것이 없소이다. 보시는 바와 같이…"

처칠은 이탈리아의 무솔리니와 독일의 히틀러가 제 2차 세계대전에서 벌인 망태에 대해 다음과 같이 논평했다. "독재자들이 내릴 수도 없는 호랑이의 등에 올라타고 우왕좌왕하고 있다. 그런데 그 호랑이는 점점 허기져 가고 있다." 제2차 세계대전이 한창 치열하게 전개되고 있던 어느 날, 한 야당 의원이 전쟁 수행의 책임을 처칠에게 따져 물었다. 이에 대해 처칠은 답변하면서 자신의 정치적 관록을 과시했다.

"그 어느 누구도 전쟁의 성공을 보장할 수 없는 것입니다. 단지 성공을 획득할 수 있는 자격이 있느냐가 문제인 것입니다."

20. 포기하지 마라

영국 수상 윈스턴 처칠이 명문 옥스퍼드 대학 졸업식 식사式辭를 약속한 날 그는 한껏 위엄 있는 차림으로 식장에 나타났다. 식장안은 처칠을 보기 위해 몰려든 청중들로 가득했다.

그는 식장을 가득 메운 청중들의 열광적인 환영을 받으면서 천천히 모자와 담배를 연단에 내려 놓았다. 그리고는 좌중을 한 바퀴 휘둘러보았다.

사람들은 저마다 숨을 죽이면서 곧 처칠의 입에서 흘러나올 근사한 축사를 기대했다. 마침내 그가 입을 열었다. "포기하지 마라!" 그렇게 힘 있는 목소리로 첫 마디를 뗀 다음 처칠은 천천히 청중들을 둘러보았다. 모두들 그의 다음 말을 기다렸다. "절대로 포기하지 마라!" 처칠은 다시한번 큰소리로 이렇게 외쳤다. 그리고는 더 이상 아무 말도 하지 않고 다시 모자를 집어쓰고는 연단에서 내려왔다. 그것이 졸업식 축사의 전부였다. 잠시후, 식장 안은 우레와 같은 박수소리로 가득 찼다. 이렇듯 사람들에게 감동을 주는 말은 그다지 요란할 필요가 없다.

21. 서린오자西鄰五子

서린西鄰에게는 다섯 아들이 있었다. 다섯 중 하나는 성실하고 또 하나는 똑똑했다. 그리고 나머지 셋은 각각 장님, 절음발이, 곱추였다. 그래서 서린은 성실한 아들에게는 농사를 가르쳤고 똑똑한 아들에게는 장사를 가르쳤다. 그리고 장님인 아들에게는 점술을 가르쳤고, 절름발이인 아들에게는 마작을 가르쳤으며, 곱추인 아들에게는 길쌈을 가르쳤다.

서린은 이렇게 다섯 아들의 장점을 부각시키고 단점을 피하여 모두가 안정적인 삶을 살 수 있는 기반을 마련해 주었다. 각자의 능력은 한계가 있기 마련이다. 하지만 지혜로운 사람들이 함께 모인다면 그들의 힘은 놀랄 만큼 강해질 것이다. 아무리 뛰어난 전략의 힘도 지혜와 정의 힘에는 대항할 수 없다. 인재를 적절하게 활용하고 대중의 지혜와 정의 힘을 더한다면 승리의 한도를 극대화 시킬 수 있다.

22. 철의 의지

1981년, 수차례에 걸쳐 폭력 활동을 주도한 죄도 수감생활을 하고 있던 북아일랜드 공화군의 일원인 보비 샌즈Bobby Sands가 단식투쟁을 선포했다. 그는 영국정부가 공화군 수감자들에게 부여해 왔던 "정치범" 지위를 없애고 일반 형사범으로 취급하게 된 것에 반발하여 단식투쟁으로 맞섰다. 대처 수상은 곧 이 요구를 단호하게 거절했다. 샌즈 등 공화군 수감자들이 살인과 방화를 일삼았으므로 정치범의 대우를 받을 만한 자격이 없음을 선언했다.

보비 샌즈는 "나는 끝까지 단식투쟁을 하겠다. 성공하지 못하면 정의를 위해 나 자신을 희생하겠다."라고 대외적으로 선언했다. 이 사건은 곧 국제사회의 집중조명을 받았고 각계의 비난이 이어졌다. 그러나 대처 수상은 변함없는 태도를 고수했다. 결국 샌즈는 단식 66일 만인 5월 5일 교도소에서 숨을 거두었다.

이 소식이 전해지자 영국 전역에서는 소요가 벌어졌고 국제적으로도 아일랜드, 미국, 프랑스, 오스트레일리아 등 다수 국가들에서 대규모 항의 활동이 일어났다. 국내외의 강력한 압력에도 대처 수상은 자신에게 집중된 모든 질책과 비난을 완강하게 인내하되 자신의 입장을 고수했다.

대처는 공화군 수감자들의 요구를 들어주는 것은 곧 그들에게 무고한 사람들을 죽일 수 있는 권리를 부여하는 것과 같음을 선언하고 샌즈를 따라 단식을 감행하는 자들은 모두 스스로 자처한 고통을 겪는 것이므로 정부는 결코 이에 간섭하지 않을 것임을 선포했다.

1981년 10월 3일까지 이어진 7개월여 간의 단식투쟁은 샌즈가 죽은 후에야 비로서 나머지 수감자들이 단식 중단을 선언했다. 결국 이 투쟁은 대처 수상의 승리로 끝을 맺었다.

23. 환난患難이 키운 정

1921년 봄, 가난에 시달려 타락에 젖은 루마니아 작가 이스트라티 Panait Istrati, 1884 - 1935는 이집트, 수리아, 그리스, 이탈리아와 발칸반도의 여러 나라를 유랑하면서 온갖 풍파를 다 겪고 프랑스의 니스에 이르렀다. 이때 이스트라티는 전도가 막막하고 비관적이며 실망한 나머지 여기서 인생을 결속지으리라 마음먹었다. 그래서 그는 어느 날 칼로 목을 베고 까무러쳐버렸다. 사람들이 그를 병원에 데려다 응급 치료하였는데 의사가 이스트라티의 품속에서 피에 묻든 그의 참회서를 발견했다.

그후 이 참회서가 사람들의 손을 거쳐 프랑스의 작가이며 사회활동가인 로맹 롤랑Romain Rolland의 수중에까지 들어가게 되었다. 이 참회서를 본 로맹 롤랑은 이스트라티가 아주 재능있는 사람이란 것을 간파하고 그를 창작사업에 종사하도록 고무하고 격려하였다.

지나친 총애에 접한 이스타라티는 매우 놀라고 그리고는 한없이 기뻐했다. 이때의 로맹 롤랑은 세계에 이름을 떨친 대작가였으니, 그에 비해 자기는 한갓 유랑자에 지나지 않았기 때문이다. 그후 그는 로맹 롤랑의 격려하에 프랑스어로 창작에 종사하게 되었다. 결국 1922년에 그는 첫 번째 소설 『외삼촌 앙글』을 탈고하여 로맹 롤랑에게 보내었다.

로맹 롤랑은 젊은 사람이 보내온 소설을 보고 나서 매우 기뻐하며 즉시 회답편지를 썼다.

"나의 예측은 그대로 증명되었습니다. 어서 와서 만나보기 바랍니다."

그후 이스트라티는 멈추지 않고 계속 소설을 써서 발표했고 또한 높은 평가를 받기도 하였다.

1924년 10월 25일, 이스트라티가 버바리에 와 로맹 롤랑을 만나게 되었다.

"오, 이스트라티, 자네가 왔구만. 무슨 이야길 하겠소?"

이스트라티는 이때로부터 프랑스 문단에 올라 세계의 유명한 작가가 되었다.

로맹 롤랑 Romain Rolland, 1866 - 1944
프랑스의 소설가 · 극작가 · 평론가. 대하소설의 선구가 된 『장 크리스토프』 10권으로 1915년 노벨 문학상을 수상하였다. 평화운동에 진력하고, 국제주의 입장에서 애국주의를 비판했다. 그 외 『매혹된 영혼』 등이 있다.

24. 경침警枕을 베면서 독서하라

중국의 저명한 사학자 사마광司馬光이 쓴 『자치통감』은 전국시대로부터 5대에 이르는 16개 왕조 1362년간의 역사를 기록한 것으로서 도합 2백 94권으로 된 거대한 저작이다.

사마광은 『자체통감』을 쓰기 위해 밤낮으로 독서하였다. 그는 둥근 나무로 목침을 만들어 그것을 『경침』이라 이름 하였다. 매번 책을 보다 피곤하게 되면 그는 침대에 누워 경침을 베고 잠깐 눈을 감곤 하였다. 그러다가 몸이 약간이라도 움직이면 경침이 굴러서 잠이 깨버렸기 때문에 다시 학습에 몰두할 수 있었다. 그는 이렇게 역사책과 소설을 통독함으로써 끝내 『자치통감』을 탈고하였다. 사마광은 책을 많이 열독하였을 뿐만 아니라 또한 책을 몹시 귀중히 여겼다. 그는 장사꾼은 돈을 귀중히 모아두지만 우리 글 읽는 사람은 책밖에 없으니 책을 귀중히 여겨야 한다고 하였다.

사마광은 해마다 초복과 중양절 사이의 화창한 날을 선택하며 책을 전부 밖에 내다놓고는 햇볕에 말렸다. 해마다 이렇게 하니 책이 누기가 차서 못쓰게 될 리가 만무하였다. 그리고 책을 읽을 때는 책상을 깨끗이 하고 거기에 깔개를 편 다음 책을 놓고 읽었다. 그리고 길을 거닐며 책을 읽을 경우에는 책 밑에 네모난 나무판자를 받치고 읽었다. 책장을 넘기는 방법에 있어서도 그는 아주 조심하였다. 매번 페이지를 넘길 때면 엄지손가락으로 책장을 약간 든 다음 다시 식지와 함께 잡아서 넘기였다. 이렇게 하니 책 모서리가 파손되는 것을 피면할 수 있었다.

사마광은 늘 '경經을 읽는 사람들도 책을 귀중히 여기는데 하물며 우리가 그들보다 못해서야 될 말인가' 하고 말하였다.

25. 세상에는 불가능이 없다

1796년, 27세의 나폴레옹Napoleon은 6만 명의 군대를 이끌고 이태리를 공습하려 알프스 산맥을 넘으려 했다. 그때 많은 사람들이 근본적으로 불가능하다며 반대하였다. 그러자 나폴레옹은 여러 사람들 앞에 나서서 엄숙하게 말했다. "나의 사전에는 '불가능'이란 단어가 없다!" 그리하여 6만 대군은 위풍당당하게 알프스 산을 향해 진군하였다. 진군 도중 군대들은 악렬한 날씨에 부딪혀야 했고, 때론 가파른 산을 힘겹게 넘어야 했으며, 길도 없는 벼랑에 부딪혀야 했다.

매번 곤란에 부딪힐 때마다 나폴레옹은 나팔수에게 돌격나팔을 불게 하여 병사들의 사기를 북돋우어 용감하게 전진하게 했다. 이렇게 군사들은 재빨리 알프스 산 정상에 올랐고 나폴레옹은 빙설로 덮인 산정에 올라 격정에 넘치는 목소리로 "나는 알프스 산보다 더 높다!" 라고 호언장담하였다.

오래 지나지 않아 나폴레옹은 군대를 이끌고 성공적으로 알프스 산을 넘어 이탈리아로 진입했다. 그리고 돌발적으로 상대방이 미처 손 쓸 사이도 없이 상대를 무너뜨렸다.

이때로부터 "나의 사전에는 '불가능'이란 없다"라는 명언이 세상에 널리 퍼지게 되었다.

26. 신비의 미소, 모나리자

이탈리아의 위대한 화가 다빈치^{Leonardo da Vinci}가 그린 <모나리자>는 그가 고향에 있을 때 고향의 부호인 프란체스코의 부탁을 받아 그의 부인 엘리자베타를 그린 것이라고 한다.

이 그림은 1503년에 그리기 시작하여 4년이 걸렸다고 하니, 당시 모델의 나이는 24세에서 27세가 되었으므로 실로 장구한 시일에 걸쳐 전력을 했음을 알 수 있다.

더구나 그 오랜 시간동안 한결같이 변함없는 표정을 짓는다는 것도 불가능한 일이었다. 그러나 다빈치는 그 난점을 해소하기 위해 화실에다 음악가나 광대, 의사까지 불러놓고 그녀의 기분을 맞추느라고 무던히 애썼다고 한다.

그런데 그녀의 표정 중에서 입술을 갸름하게 물고 미소 짓는 모

습이 특이한데, 어떻게 해서 엘리자베타가 그런 미소를 띠었느냐고
하는 데에는 갖가지 가설이 따르고 있다.

일설에 의하면 그 당시 엘리자베타는 자식을 잃었기 때문에 그런
비탄이 자신도 모르게 미소에 뒤섞였다고 하며, 이때 화가인 당사
자가 복잡한 표정을 자아내게 했다는 설이 가장 유력하다.

다빈치가 프랑스의 프랑소 1세에게 초대를 받았을 때 그 그림을
갖고 갔더니 왕은 4천 에퀴를 내고 그림을 사서 성에다 장식했다고
한다. 그후 수백 년이 흐르는 동안 잘 보존되어 현재는 루브르 박물
관에 진열되어 있다.

그런데 이따금 먼지를 닦아내고 광택 니스 따위를 칠했기 때문에
그림 전체에 가느다란 금이 가고 세부가 씻겨 떨어져서 엷어지고
말았다.

그러나 모나리자의 미소는 날이 갈수록 더욱 더 오묘한 매력을
풍기며 예술에 있어서의 수수께끼를 던지고 있는 것처럼 보인다니
실로 그 신비의 미소는 무엇을 말해주는 것일까.

27. 돈을 본 운전사의 본심

그날, 윈스턴 처칠은 히틀러의 만행을 규탄하고 전 세계의 결속
을 촉구하는 방송을 하기 위해 급히 방송국으로 가야 했다.

시간이 촉박했던 처칠은 거리에 나가 택시를 세웠다

"BBC 방송국으로 갑시다."

그러자 운전사는 뒤통수를 긁적이며 이렇게 대꾸하는 것이었다.

"죄송합니다. 손님, 다른 차를 이용해 주십시오. 저는 그렇게 멀리는 갈 수 없습니다."

"어째서 그렇소?"

"보통 때라면 어디까지라도 갑니다만 오늘은 좀 곤란합니다. 한시간 후부터 시작되는 윈스턴 처칠 경의 방송을 들어야 하기 때문입니다."

그 말에 처칠은 기분이 매우 좋아졌다. 그래서 아무 말 없이 1파운드짜리 지폐를 꺼내 운전자에게 건네주었다.

운전사는 언뜻 지폐를 보더니 순간 뭔가를 결심하듯이 말했다.

"어서 타십시오! 처칠이고 뭐고 우선 돈부터 벌고 봐야 되겠습니다."

28. 장자의 도량

하루는 혜자惠子가 장자莊子에게 이런 말을 했다.

"내게 큰 나무가 있는데 사람들은 그것을 가죽나무라고 하더군요, 줄기는 울퉁불퉁하고 가지는 꼬여서 자를 맬 수가 없어요, 길에 세워둬도 목수가 거들떠보지도 않습니다. 그런데 선생님의 말은 마치 이 나무와 같아서 크기만 했지 쓸모가 없다고 모두들 외면해 버립니다."

"선생은 너구리나 살쾡이를 아실테죠. 놀러 나오는 닭이나 쥐를 노려 높고 낮은 데를 가리지 않고 날뛰다가 결국은 덫에 걸리거나 그물에 걸려서 죽지요. 그런데 검은 소는 크기가 하늘에 드리운 구름 같아서 큰일을 하지만 쥐는 잡을 수가 없소. 지금 선생에게 큰 나무가 있는데 쓸모가 없어 걱정하는 것 같소만 어째서 아무것도 없는 드넓은 들판에 그 나무를 심어 그 곁에서 마음 내키는 대로 한가로이 쉬고 그 그늘에 유유히 누워보지는 못하는 것이오, 도끼에 찍히는 일도, 누가 해를 끼칠 일도 없을거요. 그런데도 쓸모없다고 불평한단 말이오."라고 장자는 말했다.

29. 독재자의 취미

히틀러의 유일한 취미는 음악 감상이었다. 크롤 오페라 하우스에서 열리던 의회의 회의도 때론 바그너의 오페라 연주로 폐회를 해서 음악을 즐기지 않는 의원들을 지루하게 만들었다. 밤에 피곤할 때면 그의 벗인 광대를 불러 그가 잠들 때까지 음악을 연주하게끔 하였다. 히틀러에게 있어 음악이란 마약처럼 불가결한 것이었다.

무솔리니는 운동을 좋아해 정원에서 기마, 펜싱, 수영, 하이킹 등을 즐겼다. 그는 술, 담배를 전혀 하지 않았다. 젊었을 때는 여자를 무척 좋아했지만 후엔 여자에게 별로 관심이 없었다. 무솔리니의 체구가 강철 스프링 같았다면 스탈린은 활기 없는 화강암 같았고 히틀러는 축 늘어진 비계 덩어리 같았다.

무솔리니의 검소한 생활은 자기의 약점을 잘 알기 때문에 취하는 강자의 태도였다. 히틀러의 경우는 유혹이 무서워서 검소한 생활을 했으며 이와 반대로 스탈린은 들소처럼 모든 취미에 대해 아주 정상적이었다.

30. 놀라운 기억력과 관찰력

푸쉬킨Pushkin의 딸 마리아 푸쉬킨나에게는 유명한 화가가 그려준 자기의 초상화가 있었다.

톨스토이는 푸쉬킨나의 초상화를 종래로 본적이 없었다. 그러나 그의 붓 끝에 의해 묘사된 안나 까레리나와 그림 속의 푸쉬킨나는 너무나도 비슷하였다.

고증에 의하면 안나의 외모 원형은 확실히 푸쉬킨나였다고 한다. 톨스토이는 일찍 투과에서 푸쉬킨나를 만나 그와 오랜 시간의 담화를 나눈 적이 있었다고 한다. 그후 톨스토이는 행복을 동경하고 상류사회의 허위적인 도덕규범을 과감히 공격하는 여성을 부각하게 되면 꼭 그를 모델로 삼으리라 결심하였다. 그런데 톨스토이가 푸쉬킨나를 한 번 만나보고 붓을 든 때는 13~15년 후였다. 이렇듯 오랜 시간이 흘렀음에도 불구하고 톨스토이가 신통하게도 같은 모양으로 묘사할 수 있었다는 것은 실로 수수께끼라 하지 않을 수 없었다.

그러나 이것은 어디까지나 톨스토이의 놀라운 기억력과 관찰력을 말해주는 것이다.

31. 유비의 눈물

삼국시대 패업을 성취한 촉나라 왕 유비의 정치력은 바로 그의 얼굴이 두껍다는 데 있다. 유비는 원래 군사력도 정치적 경험도 없는 인물이다. 소위 한나라 왕실의 종친이라는 허명에 기대어 친지와 친구들에게 의지했다. 그는 자기 한 몸 의지할 곳을 얻기 위해 조조· 여포·유포·손권·원소를 전전했다.

유비의 몸에서는 정치적 면모를 전혀 볼 수 없었으며 또한 잘 울기로도 유명했다. 그는 자신에 대한 지지를 얻기 위해, 동정을 사기 위해, 그리고 무엇보다도 위기를 모면하기 위해서 열심히 울었다. 『삼국지연의』에서는 남들과 구별이 잘되게 그럴 듯하게 우는 인물로 묘사되고 있다. 그는 해결할 수 없는 일을 만나면 한바탕 눈물을 흘림으로써 불리한 상황을 유리하게 돌려놓곤 했다. "유비의 강함은 눈물에서 나온 것이다."라는 속담이 생길 정도였다. 하지만 눈물을 흘릴 수 있고, 잘 울 수 있고, 진심으로 울 수 있고, 안면을 몰수한 채 울 수 있는 것은 누구나 다 할 수 있는 것이 아니다. 오직 유비의 철판 전략만이 할 수 있는 것이다.

32. 이익에 눈이 멀면 주변을 무시한다

한나라 유방劉邦이 반란을 일으킨 진희陳豨를 토벌하러 간 틈을 타서 진희와 내통하고 있던 한신韓信 역시 반란을 일으키려 했다. 그러나 사전에 계획이 누설되면서 한신은 붙잡혀 사형을 당했다.

진희의 반란을 평정하고 돌아온 유방은 한신의 죽음을 듣고 황후에게 물었다.

"한신이 남긴 최후의 말은 무엇인가?"

"괴통蒯徹의 계략을 듣지 않은 것을 후회한다고 했습니다."

괴통은 변설가로서 유방이 아직 항우와 천하를 다투고 있을 때 한신에게 독립을 권했던 사람이다. 유방은 괴통을 사로잡아 삶아 죽이라고 명령했다. 그러자 괴통이 말했다.

"저는 죄가 없습니다. 저는 죽을 짓을 한 적이 없습니다. 진나라가 무너지면서 천하는 혼란에 빠졌고 각지에서 영웅들이 들고 일어났습니다. 말하자면 진나라가 사슴을 잃어버리니 천하가 이를 쫓은 것입니다. 그중 폐하가 가장 훌륭하여 이 사슴을 잡은거죠. 대도적 도척의 개가 요임금을 보고 짖었다고 해서 요임금이 나쁜건 아닙니다. 개는 주인 외에는 누구에게나 짖습니다.

당시 나는 한신만을 알고 있었기에 그의 편을 들어 폐하에게 짖은 겁니다. 폐하처럼 천하를 도모하고자 한 영웅들은 많으나 그들은 성공하지 못했습니다. 이제 천하가 평정된 지금 한때 천하를 노려보았다고 해서 죽인다는 건 온당치 못한 일입니다. 저는 죄가 없습니다."

유방은 결국 괴통을 용서해주었다.

한신韓信, ? - BC 196

중국 한汉나라 초의 무장. 진秦나라 때 사람이다 강소성 회음현淮陰縣에서 출생하였다. 사마천이 쓴 『사기』의 <회음후열전淮陰侯列傳> 기록에 의하면 어려서 매우 가난했으며 항상 칼을 차고 다녔다고 기록하고 있다. 끼니조차 제대로 먹을 수 있는 형편이 되지 못해 남창南昌 정장亭長의 집에서 밥을 얻어 먹다 쫓겨나, 강가에서 빨래하던 아낙네에게 밥을 얻어먹었다. 초나라의 항량 · 항우를 섬겼으나 중용되지 않아 한왕 유방의 수하가 되어 대장군이 되었다.

5

깨달음에 대한 철학만담

"한 생명의 가치란 이 돌멩이와 마찬가지란다.
처한 환경에 따라 그 의의도 달라지는 것이지. 보잘것없는 돌멩이를
네가 아끼고 한사코 팔지 않으려고 하니 그 가치가 껑충 뛰어오르고 심지어
세상에 둘도 없는 보배로 알려지지 않느냐. 너도 이 돌멩이와 같단다.
자신을 아끼고 존중한다면 그만큼 삶의 의미도 소중해지고 가치도 높아지지
않겠느냐. 생명의 가치란 우선 나 자신의 마음가짐에 달렸음을 명심해야 한다.
자기에게 끊임없이 충실하고 자기 재능을 계발해 나간다면
그 가치를 인정받는 날이 반드시 온다."

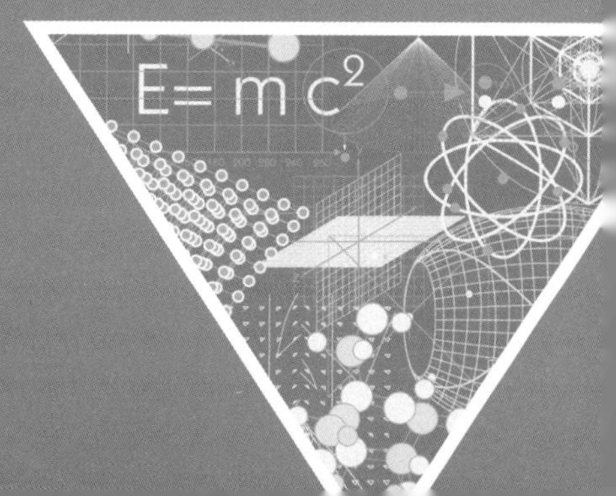

1. 완벽한 여성을 찾아 떠나는 길

한 사나이가 완벽한 여성을 찾아 결혼하고자 세계 여행을 떠났다. 그러나 온 세상을 찾아 헤맸음에도 불구하고 완벽한 여자를 구하지 못했다. 결국 그는 완벽한 여자를 찾는데 일생을 허비하고 허탈한 마음으로 집에 돌아왔다. 그러자 한 친구가 찾아와 말했다. "자네는 결국 완벽한 여자를 찾는데 평생을 허비했군. 그런데 정말 완벽한 여자가 단 한 명도 없던가?" "꼭 한 명 있었다네. 우연히 정말 완벽한 여자를 한명 만났었지." 친구가 깜짝 놀라 물었다. "그래? 그래서 어찌 됐나?" 그러자 그는 침울한 표정으로 말했다.

"어떻게 됐냐구? 그녀 역시 완벽한 남성을 찾고 있더군. 그래서 결국 아무 일도 없었어."

2. 인지상정^{人之常情}

중국 후한의 광무제에게는 호양공주^{湖陽公主}라는 누이가 있었는데 일찍이 젊었을 때 남편을 잃고 혼자 살았다. 그래서 어느 날, 광무제는 누이에게 말했다.

"공주의 배필을 제 신하 중에서 선택하면 어떨까요?"
"과연 마땅한 사람이 있을까요? 내가 듣기로는 송홍^{宋弘}이란 사람이 좋다고 하는데, 그 사람은 이미 부인이 있는 몸이니 안 될 것이고…" 라며 호양공주는 말끝을 흐리는 것이었다.

"누님이 그렇게 생각하시면 송홍에 대해서는 저에게 맡겨주십시오."

광무제는 송홍이 호양공주와 맺어진다면 그는 황제의 자형姉兄이 되는 셈이니 아무리 결혼한 몸이라 하더라도 자신의 제안을 쉽게 거절은 하지 않으리라고 생각하였다. 그래서 광무제는 송홍을 몰래 불러냈다. 그리고 송홍이 오자 넌지시 변죽을 울리며 그의 속을 떠보았다. 이 때 호양공주는 병풍 뒤에서 두 사람의 대화를 듣고 있었다.

"예로부터 사람이 귀하여지면 그동안 사귀던 친구도 바뀌고 부유해지면 아내를 바꾸게 된다고 했는데 아무래도 그것이 인지상정이겠지?" 황제는 이렇게 말하며 송홍의 안색을 살폈다.
송홍의 대답은 이러했다. "글쎄올시다. 인지상정이라 하오면 비천할 때의 벗은 끝까지 잃어서는 안 되고 고락을 같이해 온 아내는 소홀히 하지 않는 것으로 아옵니다만."
이 말을 들은 광무제와 호양공주는 그릇된 생각을 뉘우치고 부끄러워했다.

광무제光武帝, BC 6 - 57
후한의 초대 황제재위 25 - 57. 왕망의 군대를 격파하고 즉위해 한왕조를 재건, 36년에 전국을 평정했고, 중앙집권화를 꾀했다. 학문을 장려하고, 유교존중주의를 택해 예교주의의 기초를 다졌다.

3. 혀와 이의 원칙

은나라와 상나라의 예의를 가르치던 상총선생이 나이가 들어 노쇠해졌고 또한 병환이 위중하다는 소식을 접한 노자老子가 병문안을 갔다.

상총선생은 노자가 왔다는 것을 알고 입을 벌린 채 손가락으로 입을 가리키며 말했다. "내 혀가 아직 있느냐?" 노자는 선생의 병이 위독하여 헛소리를 하는 것으로 알았다. 그러자 "내 이가 있느냐?"라고 다시 말하였다. 상총선생의 이는 하나도 없었다. 그리하여 노자는 사실대로 말해주었다. 그러자 상총선생은 또 말했다. "내가 무엇 때문에 이런 것을 너에게 묻는 줄 아는가?" 노자는 그제서야 스승이 자기를 계발시켜 주고 있음을 깨달았다.

혀는 유연한 것이기에 오래도록 존재하는 것이고, 이빨은 여물고 단단하기에 쉽게 빠진 것이다. 세상물정이 모두 그런 것이라는 것을 알려주고 있었다.

4. 붓이 벼루가 될 수 없는 이치

송나라 때 주희朱熹의 제자 요덕명은 과거에 급제하여 복전지역에 선교랑으로 부임하게 됐다. 요덕명은 자신의 관운이 선교랑에 머물까 걱정되어 복전으로 가고 싶지 않았다. 그는 고민 끝에 스승인 주희를 찾아가 가르침을 청했다. 주희는 책상 위에 놓여있는 물건을 가리키며 말했다.

"사람과 물건은 다르다네. 예를 들어 붓은 붓으로만 머물러 있을 뿐 벼루가 될 수 없고 검은 검으로만 머물러 있을 뿐 거문고가 될 수는 없네. 물건의 제작에서 소멸에 이르는 시간이 길든 짧든 그 속에는 일정한 불변의 규칙이 있지. 허나 사람은 다르다네. 아침에 도둑이던 사람이 저녁에는 요순임금처럼 될 수도 있지. 따라서 한 사람의 길흉화복은 상황에 따라 바뀔 수 있으니 이것을 일률적으로 논할 수는 없다네. 그러니 지금 복전으로 가서 어떻게 하면 좋은 일을 많이 할 수 있는가만 생각하고, 자네의 어릴 적 꿈에 더는 마음을 두지 말게."

요덕명은 스승의 가르침에 큰 감사를 표했다. 그리고 기쁜 마음으로 복전으로 떠났다. 후에 복전에서 근무하던 요덕명은 관직이 이부좌선 남관까지 올랐다.

주희朱憙, 1130 - 1200

남송 때 이학가. 사상가, 철학가. 저서로는 『사서집루』·『시집전』·『초사집루』 등이 있다.

요덕명廖德明

남송 사람. 자는 자회子晦고, 호는 사계槎溪다. 젊어서는 불교에 깊은 관심을 가지다가 양시楊時의 저술을 읽고 깨달은 바 있어 주희에게 나아가 공부했다. 스승의 학문을 묵수하여 당시 학문 흐름에 흔들리지 않았다. 저서에 『춘추회요春秋會要』와 『문공어록文公語錄』·『사계집槎溪集』 등이 있다.

5. 대학자의 자부심

한 백발의 노인이 베를린 대학에서 스무 살 내외의 학생들 사이에 앉아 강의를 듣고 있었다.

그 백발의 노인이 바로 자연지리학과 생물지리학으로 유명한 독일 과학자인 알렉산더 폰 훔볼트Alexander von Humboldt였다. 이날 강의는 자연 지리학이었는데 강의하는 교수는 훔볼트의 저서를 인용하여 자신의 권위를 세우고 있었다. 젊은 학생이 훔볼트에게 물었다.

"당신과 같은 대학자가 어째서 강의를 듣고 있습니까?"

"내가 젊었을 때 간과했던 것을 재검토하기 위해서지." 라고 대답했다.

지식에 대한 욕구는 그 시기가 언제든 자부심을 주는 것이지, 결코 부끄러움의 대상이 아니다. 자기 계발을 부끄러워하는 사람에게서 발전을 기대하기는 어렵다.

6. 소크라테스의 작은 집

하루는 소크라테스Socrates가 직접 자기가 살 집을 짓고 있는데 한 젊은이가 찾아와서 물었다.

"아니, 선생님께서 손수 집을 지으십니까?" "응. 조그만 집을 한 채 짓고 있는 중일세." "하지만 집의 크기가 선생님의 높고 훌륭하신 인격에 비해서는 너무나 작고 보잘 것 없어 보입니다." 제자는 이왕 말이 나온 김에 자기가 느낀 대로 솔직히 털어놓았다.

"아니야. 반드시 집이 크다고 해서 좋은 것도 아니고 집이 작다고 해서 나쁜 것도 아니네. 집은 크든 작든 간에 그 집에 사는 사람의 마음에 따라 좋게도 나쁘게도 되고 크게도 작게도 느껴지는 것일세." 소크라테스는 웃으며 계속 말을 이었다.

"내가 큰 집을 짓고 그 큰 집에 꽉 차도록 나를 보러 많은 사람들이 찾아온다고 해서 좋은 것만은 아니네. 참되지 못한 사람들이 그 큰 집에 가득 차는 것보다는 비록 비좁으나 작은 집에서라도 참된 사람이 되고자 하는 사람만 찾아준다면 더 바랄 것이 없네. 비록 작은 집이라도 참된 사람으로 가득 찰 수만 있다면 나는 행복하게 생각하네."

제자는 소크라테스의 말에 고개를 깊이 숙이고 존경하는 마음으로 들었다.

소크라테스 Socrates, BC 470 - BC 399

고대 그리스의 철학자. 아테네에 살면서 많은 제자들을 교육시켰는데, 플라톤도 그 중의 하나이다. 그의 사상 활동은 아테네 법에 위배된다 하여 사형을 당했다. 당시 아테네에서는 민주주의 제두가 쇠퇴하면서, 사회적 황폐가 확대되는 상황이었다. 소크라테스의 사상은 그 당시의 지배계급인 귀족계급을 대변하고 있었는데, 새로운 신흥계급의 출현으로 반민주주의적인 귀족계급이 수세에 몰리고 있었다. 종래의 그리스의 유물론적인 자연철학에 대립하여 그는 '너 자신을 알라'라는 말을 기초로 하여 '영혼'에 대해 깊게 생각하면서 삶의 온당한 방법을 아는 것을 지식의 목적이라 하고 이로써 도덕적 행위를 고양시키는 것을 지향하였다.

7. 개에게 잘못이 있는가?

어느 날, 양포는 하얀 옷을 입고 나들이를 갔다.

그런데 도중에 폭우가 쏟아졌으므로 양포는 흰 옷을 벗고 검은 옷으로 바꿔 입고 집으로 돌아왔다.

그런데 개가 주인을 몰라보고 마치 도둑을 대하듯이 거칠게 짖어 댔다.

양포는 몹시 화가 나서 짖어대는 개를 보고 소리쳤다.

"이 망할 놈의 개가 주인을 몰라보고 짖어?"

양포는 말을 하면서 개를 걷어찼다.

그것을 본 형 양주는 동생 양포를 나무랐다.

"아우야, 가엾은 짐승을 때리지 마라. 입장을 바꾸어 놓고 생각해 보면 넌들 마찬가지가 아니겠느냐? 조금 전에 하얀 모습으로 나갔던 개가 검정개가 되어 돌아온다면 넌들 수상하게 생각하지 않겠느냔 말이다."

8. 존경이 없는 명예

1913년 9월, 인도에 귀국한 타고르^{Rabindranath Tagore}는 노벨상을 수여받는다는 소식을 듣고 매우 놀랐다. 뿐만 아니라 인도사람들은 오랫동안 짓밟히고 무시된 조국에서 노벨문학상 작가가 나왔다는 것에 놀라고 기뻐했다. 그것으로 인도인으로서의 자존심과 자랑을 어느 정도 회복한 것이었다.

타고르는 수상의 통지를 받은 뒤 로젠스타인에게 노벨상 수상의 명예를 얻은 기쁨을 전하였고 그를 비롯한 여러 친구들에게 깊은 감사를 표시하면서 다음과 같은 편지를 썼다.

'…그것은 나에게 있어서는 하나의 비상한 시련입니다. 그것이 세상에 불러일으킨 흥분의 회오리 바람은 실로 두려운 것입니다. 마치 개의 꼬리에 깡통을 달아 개가 움직일 때마다 시끄러운 소리를 내지 않으면 안 되고 또 많은 사람들을 그 주위에 모이게 하는 것과 같은 난처한 일입니다. 나는 이 며칠 동안 축전과 편지 때문에 괴로움을 겪었습니다. 내게 대한 아무런 친밀감도 없었고 나의 작품을 한 줄도 읽어보지 않은 작가들이 기쁜 소식에 대하여 가장 높이 목청을 울리는 것이었습니다. 나는 그러한 부르짖음에 얼마나 질렸는지 말할 수 없을 정도입니다. 사실 그러한 친구들은 내가 받은 명예를 존경한 것이지 결코 나 자신을 존경한 것은 아닐겁니다.'

타고르Rabindranath Tagore, 1861 - 1941
인도 시인. 벵골 문예 부흥의 중심이었던 집안 분위기 탓에 일찍부터 시를 썼고 16세에는 첫 시집 『들꽃』을 냈다. 초기 작품은 유미적이었으나 갈수록 현실적이고 종교적인 색채가 강해졌다. 교육 및 독립 운동에도 힘을 쏟았으며, 시집 『기탄잘리』로 1913년 노벨 문학상을 받았다.

9. 몸에 배여 손에 익다

　중국 송나라에 대단한 명궁인 진요자眞要子라는 사람이 있었다. 그는 아무리 먼 거리라도 목표물을 겨냥하여 쏘면 백발백중이었다. 그리하여 그는 활쏘기만큼은 자신이 당대 최고라고 자부하며 교만을 떨었다.

　그날도 진요자는 넓은 곳으로 나가 활을 쏘고 있는데 때마침 늙은 기름장수가 곁을 지나가다가 걸음을 멈추고 그 광경을 구경했다. 활 몇 발을 쏘고 난 진요자가 기름장수를 보고 거드름을 떨었다. "노인장도 활을 쏠 줄 아시오? 내 활 솜씨야 말로 신의 경지에 달했다고 할 수 있을 것이요!" 그러자 늙은 기름장수가 이렇게 말했다. "그거야 이미 몸에 배여 손에 익었을 뿐이니 별것 아니지요." 진요자는 노인이 자신을 깔보는 것으로 알고 버럭 소리쳤다. "한낱 기름장수 영감이 감히 내 활 솜씨를 깔보다니!" 노인이 침착한 어조로 말을 받았다. "나는 당신을 깔 본 것이 아니요. 다만 내 자신이 기름 따르는 경험을 통해서 활 쏘는 이치를 알게 됐을 뿐이오."

　말을 마친 노인은 호리병 하나를 꺼내 땅바닥에 내려놓았다. 그리고 구멍이 뚫린 엽전을 꺼내 그 병 입구를 덮었다. 그런 다음 오목하게 파진 나무 주걱으로 기름을 떠낸 후 선채로 그 엽전 구멍에 기름을 따라 넣었다. 그 솜씨가 정말 놀라울 정도였다. 어찌나 정확한지 사각의 엽전 구멍에 기름 한 방울 묻지 않았다. "……!!" 진요자가 놀라 입을 다물지 못하고 있는데 노인이 다시 말을 했다. "이것도 별것 아니요. 그저 오랜 시일을 거치면서 익숙해진 것뿐이라오."

10. 생명의 가치는 마음가짐에 달렸다

고아원의 한 고아가 항상 원장에게 이런 질문을 했다.

"선생님, 저처럼 버림받은 고아가 살아서 무슨 의미가 있을까요?" 그러면 원장은 미소만 지을 뿐 아무 말이 없었다. 하루는 그 고아에게 돌멩이를 쥐어주면서 말했다.

"내일 아침에 이 돌멩이를 시장에 가져가 팔아 보거라, 하지만 정말로 팔아서는 안 돼, 누가 얼마를 준다 해도 절대 팔아서는 안 돼. 알겠지?"

그래서 사내아이는 이튿날 시장 한구석에 쪼그리고 앉아 돌멩이를 팔고 있었는데 뜻밖에도 많은 사람들이 그 돌에 관심을 보였고 흥정 가격도 점점 높아갔다.

고아원으로 돌아온 사내아이는 무척 들뜬 목소리로 원장에게 그 사실을 말해 주었다. 그러자 원장은 알 듯 말 듯한 미소만 짓더니 그 이튿날에는 황금시장에 가져가 보라고 하였다. 그래서 그 다음날 사내애는 돌멩이를 황금시장에 가져가보니 그 돌을 본 사람들이 어제보다 열배가 넘는 값에 서로 사겠다고 아우성이었다.

그 다음날이 되자 원장은 보석시장에 가져가 보라고 했다. 보석시장에 갔더니 그곳에서는 또 전날 황금시장보다 열배나 더 높은 값에 사겠다는 것이었다.

사내아이가 한사코 팔지 않는다고 하자 나중에는 '세상에 눌도 없는 보배'로 알려져 장안을 들썩이게 했다.

매우 흥분한 사내아이가 고아원으로 달려와 자초지종을 말하자 원장은 사뭇 진지한 목소리로 말했다.

"한 생명의 가치란 이 돌멩이와 마찬가지란다. 처한 환경에 따라 그 의의도 달라지는 것이지. 보잘것없는 돌멩이를 네가 아끼고 한사코 팔지 않으려고 하니 그 가치가 껑충 뛰어오르고 심지어 세상에 둘도 없는 보배로 알려지지 않느냐. 너도 이 돌멩이와 같단다. 자신을 아끼고 존중한다면 그만큼 삶의 의미도 소중해지고 가치도 높아지지 않겠느냐. 생명의 가치란 우선 나 자신의 마음가짐에 달렸음을 명심해야 한다. 자기에게 끊임없이 충실하고 자기 재능을 계발해 나간다면 그 가치를 인정받는 날이 반드시 온단다."

11. 마음먹기에 달렸다

진나라때 명문가인 범씨네 집에 자화라는 아들이 임금의 총애를 받고 있는 터여서 자화 주변에는 항상 사람들이 들끓었으며 그들은 자화에 대해 아첨 섞인 말들을 수군거리곤 했다.

"자화 어르신의 힘은 정말 놀라워. 그 어른은 손끝 하나로 가난뱅이를 부자로 만들 수 있고 부자를 가난뱅이로 만들 수 있다네."

"어디 그뿐인가. 어르신의 힘은 살아있는 사람도 죽게 하고 죽은 사람도 다시 일어나게 할 정도라네."

이런 과장된 소문을 믿고 찾아온 한 순진한 농부가 있었다. 자화의 문객들은 늙고 보잘것없는 가난한 농부를 업신여기고 그에게 장난질을 쳤다. 늙은 농부는 그들이 시키는 대로 높은 곳에서 뛰어내리기도 하고 불속을 드나들기까지 했다.

이 이야기를 들은 자화는 늙은 농부를 도사라고 생각하고 어떻게 불속을 뛰어 들 수 있었으며 높은 곳에서 뛰어내리고도 다치지 않았는지 그 비결을 물었다.

"저에게는 아무런 도道도 없습니다. 저는 당신이 산 자를 죽게도 하고 죽은 자를 살게도 하며 부자를 가난하게 가난뱅이를 부자로 만들 수 있다고 들었습니다. 그 말을 듣고 나는 여기까지 먼 길을 찾아온 것입니다. 가난을 면해보려고요. 그래서 혹시 내 정성이 부족하게 비치지나 않을까, 시키는 것을 제대로 하지 못하면 어떡하나 그 점에만 신경을 썼습니다. 그러나 제 몸이 다친다거나 죽을지도 모른다거나 하는 그런 일 따위에는 마음을 쓸 겨를이 없었습니다. 그러나 이제는 여러분이 그동안 나를 속이고 그저 웃음거리로 즐겼을 뿐이라는 것을 알았습니다. 지금 생각하니 높은 곳에서 뛰어내리고 불에 뛰어들었던 일들이 끔찍하고 무서워서 몸이 떨리는군요." 라고 늙은 농부는 말했다.

12. 인생삼락人生三樂

하루는 공자孔子가 대산에 갔다가 영계기榮啓期라는 한 노인을 만났다. 그는 사람의 가죽을 몸에 걸치고 무명띠로 허리를 질끈 동여 맨 거지나 다름없는 행색이었는데 그래도 무엇이 그렇게 즐거운지 장단까지 맞춰가며 노래를 부르고 있었다. 그리하여 공자는 내심 궁금하여 가까이 다가가서 물었다.

"어르신께서는 무엇이 그렇게 즐겁습니까?"

공자의 물음에 영계기 노인은 그 나름의 낙을 흔쾌히 말해주었다.

"나에게는 세 가지 낙이 있소이다.

하늘이 만물을 내심에 오직 사람이 귀하다 하는데 다행히 나는 사람으로 태어났으니 이것이 첫째 낙이요.

사람 중에서도 남자는 귀하다 하고 여자는 천하다 하는데 다행히 나는 남자로 태어났으니 이것이 둘째 낙이요,

사람이 세상에 태어나면서 밝은 세상을 보지 못하고 한평생을 포대기 신세를 면치 못하는 이도 있는데 나는 다행히 이렇게 멀쩡한 몸으로 90년이나 살고 있으니 이것이 셋째 낙이올시다. 가난은 선비에게 늘 있는 일이고, 죽음은 사람으로 살다가 가는 끝이 아니겠는가. 늘 있는 일에 머물면서 그 끝을 기다리니 어찌 즐겁지 않겠는가!"라고 대답했다는 일화가 전한다. 이것을 영계기삼락榮啓期三樂이라 한다.

이 말을 들은 공자는 더 이상 묻지 않고 발걸음을 돌렸다.

영계기榮啓期
춘추 시대 때 사람. 은사隱士. 언제나 허름한 가죽 옷을 입고도 거문고를 타면서 노래를 부르며 즐겼다.

13. 게으른 사람들이 갖는 창조적 불꽃

캐나다 오타와에서 큰 호텔을 경영하는 햄리 포터는 게으르기로 소문난 사람이다. 연말에 포터는 호텔에서 가장 부지런한 사람과 가장 게으른 사람을 각각 열 명씩 선발하였는데 가장 게으른 직원으로 뽑힌 열 명을 자기 사무실로 불러들였다. 그들 모두는 어떤 불호령이 떨어질지 몰라 안절부절 못한 채 사장실로 들어섰다. 사장은 그들을 자리에 앉히며 느긋하게 입을 열었다.

"내가 관찰한 바에 의하면 당신들의 게으름은 식기를 한꺼번에 테이블에 날라다놓고 단숨에 손님방을 깨끗이 청소하고 뭐든 한꺼번에 맡은 일을 다 마무리하는데 탁월한 능력을 갖고 있더군요. 단 한 발짝도 걷기 싫어하고 두 번 이상 같은 일을 반복하고 싶어 하지 않는다는 겁니다. 그래서 다른 사람이 볼 때 당신들은 항상 한가해 보이고 게으른 사람이라고 생각합니다. 왜냐하면 그 게으름은 단 한 번의 쓸데없는 동작도 용납하지 않기 때문이죠. 반대로 소위 부지런한 직원들을 보면 그 부지런함은 대체로 하루 온종일 잠시도 쉴 틈 없이 숨 가쁘게 몰아치면서 쓸데없는 동작들에 힘 빼는 일을 대수롭지 않게 생각하지요. 한 번이면 될 일을 몇 번이고 되풀이 하면서 시간만 낭비한다면 대체 어떻게 효율을 논할 수 있겠습니까?"

인간은 맷돌을 돌리기 싫어서 풍차를 발명했고 걷기 싫어서 자동차를 발명했다. 게으름에 이력이 튼 사람들의 머리에서는 창조적인 불꽃이 튀고 있는 중일 수도 있다.

14. 나만이 나의 거울이다

아이슈타인이 열여섯 살이 되던 해의 어느 가을날, 아버지는 아들을 불러 이런 말을 했다.

"어제 난 이웃집 잭 아저씨와 공장 굴뚝을 청소하러 갔단다. 잭 아저씨가 앞에 서고 내가 그 뒤를 따라갔지. 굴뚝 청소를 마치고 내려올 때도 잭 아저씨가 먼저 내려오고 내가 그 뒤를 따라 내려왔는데 굴뚝에서 나와 보니 참 희한한 일이 있었단다. 잭 아저씨는 등이며 얼굴에 온통 검댕이가 묻어 있었는데 내 옷은 말짱했지. 잭 아저씨를 본 난 내 꼴도 그럴 거라 생각하고 냇가에 가서 한참을 씻었단다. 반면에 잭 아저씨는 굴뚝에서 나오는 내가 말짱하니까 자기도 그럴 거라고 생각했는지 대충 씻는 시늉만 하고 앞장서서 집으로 향했지. 그러자 길을 가던 사람들 모두 그 해괴한 몰골을 보고 배꼽 빠지게 웃어대지 않겠니?"

아버지의 이야기에 아인슈타인도 한참 깔깔대며 웃었다. 아들의 웃음이 그치기를 기다린 아버지는 아들에게 타이르듯 말했다.

"세상 어느 누구도 너의 거울이 되어줄 수는 없단다. 오로지 너 자신만이 너의 거울이야. 다른 사람을 자기 거울로 삼았다간 흡사 바보가 자신을 천재로 착각하는 꼴이 될 수도 있는 것이란다." 아버지 말에 아인슈타인은 몹시 부끄러워 고개를 떨궜다.

그때부터 아인슈타인은 수시로 자기행동을 되돌아보고 심사숙고하는 습관을 들였고, 마침내 인류역사에 큰 영향을 끼치는 인물이 되었다.

15. 비난받지 않는 도둑질

송나라 향씨는 가난한 생활에 지칠 대로 지쳐 탈출구를 찾으려고 당시 부자로 유명한 제나라 국씨를 찾아가서 부자가 되는 방법을 물었다.

"난 도둑질을 잘해서 이렇게 부자가 되었소. 그 짓을 1년 했더니 그럭저럭 먹고 살게 되었고 2년이 지난 뒤에는 잘 살게 되었으며 3년이 지나자 아주 부자가 되어버렸소. 그 다음부터는 슬슬 마을의 가난한 사람들을 도울 수 있게 되었소." 향씨는 도둑질을 하면 된다는 말에 좀 의아했지만 어차피 가난에서 벗어날 수만 있다면 어떤 짓이라도 하겠다고 결심하였으므로 앞뒤 생각해보지 않고 남의 집 담을 뛰어넘어 물건들을 마구잡이로 훔쳤다. 그러나 도둑질이 미처 끝나기도 전에 향씨는 잡히고 말았다. 덕분에 그는 얼마 되지 않은 하찮은 그의 세간까지 몽땅 몰수당하고 말았다.

향씨는 화가 나서 다시 국씨를 찾아갔다. "당신이 가르쳐준 대로 도둑질했더니 잡혀서 매만 죽도록 맞았소. 게다가 내가 갖고 있던 재산까지 전부 도둑질 한 것이라 하여 몽땅 뺏겨서 더욱더 가난해지고 말았소. 당신은 나를 기만했소." 그러자 국씨는 어처구니없다는 듯이 너털웃음을 터트리며 말했다.

"허허. 내가 말한 '도둑질'이란 것에 대해 오해를 하셨구려. 무릇 곡식이나 나무, 동물, 고기류 따위는 모두 하늘이 만들어낸 것이어서 나는 하늘의 것을 도둑질했기에 비난을 받을 까닭이 없었지요. 그러나 저 금이나 보석, 곡식, 비단 같은 것은 사람들이 모은 것일 뿐 결코 하늘이 준 것이 아니요. 난 이를 이야기했던 것인데 당신은 남의 것을 탐할 생각만 하였구려. 당신의 탐욕과 어리석음으로 벌을 받았으니 이제 와서 누구를 원망한단 말이오?"

16. 처음 술을 맛 본 우왕

우왕禹王이 나라를 다스리고 있던 시대이다. 그때까지는 물 이외의 마실 것이라면 예탁이라는 신맛이 나고 독하지 않은 그런 정도의 술밖에 없었다.

그런데 의적儀狄이라고 부르는 사나이가 처음으로 술다운 술을 만들어 우왕에게 헌상하였다.

우왕은 술을 마셔 보고 그 맛이 좋음에 은근히 놀랐다.

"후세에 반드시 술로써 나라를 망치는 자가 있으리라."라고 말하고 의적에게 상을 내리기는커녕 이후로는 그를 측근에도 두지 않았다고 한다.

우왕의 예언대로 하나라의 걸왕이나 은나라의 주왕은 말 그대로 술독에 빠져 정사를 엉망으로 하다 결국 주지육림酒池肉林의 즐거움에 빠져 나라를 멸망케 해 버렸다.

뜻이 작으면 이내 충족되기 쉽고 충적되기 쉬우면 이로 인하여 발전이 없다. 기분을 가볍게 하면 아직 알지 못하는 것을 이미 알았다고 여기고 아직 배우지 않은 것도 이미 배웠다고 여긴다.

- 『근사록』

17. 화는 자신을 벌하는 것이다

누구나 오해를 사거나 타인의 불공평한 비판, 심지어는 치욕스런 말을 들어야 하는 경우를 당할 때 이성을 상실할 정도로 화를 내곤 한다.

영국의 위대한 희곡가 셰익스피어Shakespeare는 "원수를 위해 마음의 불을 지나치게 태우지 마라. 자신의 몸을 태우지 마라."고 말한 적이 있다. 치욕스런 욕설이나 비난 앞에서 '원수를 사랑하는' 수양의 경지에 이르기란 쉽지 않다. 그러나 자신을 소중하게 생각하고 타인으로 인해 내 기분과 건강이 영향을 받지 않게 할 수 있어야 한다는 것이다.

"화를 낼 시간이 있으면 돈을 벌라"는 말이 있다. 값 비싼 정력, 값 비싼 시간을 쓸데없이 화를 내는데 쓴들 무슨 소용이 있는가. 화를 내는 것은 다른 사람의 잘못으로 자신을 벌하는 것이 된다. 분노를 오랫동안 가슴에 쌓아두면 얼굴이 경직되고 주름이 생기며 또한 지나친 긴장과 심장병을 유발할 수 있는 것이다. 그러므로 화를 다스리는 방법을 스스로 깨우쳐야만 정신적 육체적 건강을 보장할 수 있다.

18. 늙은 말과 개미

춘추시대 제환공이 관중管仲과 습붕隰朋 등 중신들과 함께 소국인 고죽을 토벌하러 갈 때의 일이다. 산을 넘고 골짜기를 지나 고생고

생하면서 진군하던 차에 길을 잃고 말았다.

지독한 추위 속에 떨며 쩔쩔매고 있을 때 관중이 나서서 말했다. "이런 때는 늙은 말이 본능적으로 길을 찾아낸다." 그래서 수레를 끄는 말 중에서 늙은 말을 수레에서 풀어주었더니 말은 두리번거리며 길을 찾는 듯하더니 잠시 후 어느 방향으로 걸어가기 시작했다. 말을 따라 부대가 가는 동안 말은 마침내 제 길을 찾아 병사들은 무사히 돌아갈 수 있었다.

또 험한 산길을 진군하고 있던 중, 휴대하고 있는 물은 다 마셔버렸는데 가도 가도 샘물은 커녕 냇가도 발견할 수가 없었다. 군사들은 목마름에 허덕이고 있었다. 이때 습붕이 말했다.

"개미는 겨울에는 남쪽에 집을 짓고 여름에는 산의 북쪽에 집을 지을 정도로 영리하다. 그러므로 개미집이 있으면 그 아래 얼마 안 되는 곳에 물이 있는 법이다." 그래서 개미집을 찾아 그 가까운 곳에 지하를 파본 즉 물이 솟아나와 전군全軍이 목을 축일 수 있었다.

현명하고 덕이 높기로 유명한 관중과 습붕조차도 모르는 것에 이르면 하찮은 늙은 말이나 개미를 스승으로 삼는 것을 꺼려하지 않았다.

관중管仲, ? - BC 645
춘추시대 제齊나라의 재상. 소년시절부터 평생토록 변함이 없었던 포숙아鮑叔牙와의 깊은 우정은 '관포지교管鮑之交'라 하여 유명하다. 환공桓公을 도와 군사력의 강화, 상업·수공업의 육성을 통하여 부국강병을 꾀하였다. 저서로 『관자』가 있다.

습붕隰朋
관중의 추천으로 제나라 동쪽의 여러 지역을 관리하는 일을 맡았다.

19. 구곡 구슬에 실을 꿴 공자

공자孔子가 한번은 진나라 사람에게 붙들려 봉변을 당했다.

상대는 무척이나 험상궂은 인상의 폭력배들이었다. 그들은 공자에게 구슬 한 개를 주며 그 구멍에 실을 꿰지 못하면 국경을 넘지 못하게 하겠다고 위협했다. 그런데 그 구슬은 구멍이 구곡九曲으로 뚫려 있어 실을 꿰기가 거의 불가능하였기에 참으로 난처했다. 공자는 주변의 뽕나무 밭둑을 거닐며 이 난관을 어떻게 헤쳐나갈 수 있을까 고민하고 있었다. 그러던 중 한 처녀가 나타나 공자의 고민을 알아차리고 슬쩍 정보를 흘리듯 속삭였다. "꿀을 생각해 보세요. 꿀을."

순간 공자의 머릿속으로 번개처럼 스치는 것이 있었다. 그는 실을 개미의 허리에 매어 구슬 속으로 기어 들어가게 하고 그 반대쪽 구멍에다 꿀을 발랐다. 그러자 꿀 냄새에 이끌린 개미가 너무도 쉽게 그 구슬에 실을 꿰어주었다. 덕분에 공자는 무사히 국경을 넘어 여행을 계속할 수 있었다.

이처럼 스스로 배울 생각이 있는 한 천지만물 가운데 어느 것 하나라도 스승 아닌 것이 없다.

공자孔子, BC 551 - BC 479
중국 춘추시대 교육자. 철학자. 정치사상가. 유교의 창시자. 제자들이 공자의 말을 모은 『논어』가 있다.

20. 상상을 초월한 잠재력

미국 애머스트 대학에서 교수와 학생들은 여러 개의 쇠사슬로 애호박을 감아놓고 호박이 성장하면서 쇠사슬의 압력을 얼마나 견디는지를 관찰했다.

실험 첫 달에는 호박이 500파운드의 압력을 가뿐히 이겨냈다. 계속해 2,000파운드의 압력을 가할 때 연구원들은 쇠사슬이 끊어지지 않도록 쇠사슬을 몇 겹 더 둘렀다. 결국 애호박은 5,000파운드의 압력까지 견뎌내고서야 껍질이 깨져 나가기 시작하였다.

그 호박을 쪼개어 속을 살펴보니 엄청난 압력을 견뎌내기 위해 섬유질이 단단하게 짜여있어 이미 식용이 불가능한 상태였다. 그리고 영양분을 충분히 섭취하여 쇠사슬의 압력을 견뎌내기 위해 호박 뿌리가 사방으로 뻗어나가 거의 화단 전체에 걸쳐있었다.

호박의 생명력과 인간의 일생을 연관시켜 볼 때 사람들이 얼마나 강해질 수 있는가 하는 문제에 대해 아직 개념이 희박한 것 같다. 호박이 이처럼 엄청난 압력을 견뎌낼 수 있다면 똑같은 환경에서 인간은 과연 어느 정도의 압력을 견뎌낼 수 있을까?

대다수 사람들은 우리가 상상하는 것 이상의 압력을 견뎌내고 있다. 인간이라면 누구나 자기가 생각하는 것 보다 훨씬 큰 잠재력을 지니고 있기 때문이다. 호박처럼 자신을 얽매고 있는 사슬에서 벗어나려고 최선을 다한다면 자기 앞을 가로막는 난관 따위 존재하지 않는다.

21. 스스로를 비웃어서는 안된다

슈베르트Franz Peter Schubert 는 언제나 돈이 궁했다. 돈이 한 푼도 남지 않고 떨어졌을 때는 그는 언제나 바지 주머니를 뒤집어서 창밖에 걸어두곤 했다. 그것은 "나는 외출할 수 없다. 호주머니가 텅텅 비었다. 나를 괴롭히자 말라."는 뜻이었다.

어느 날, 한 커피숍에서 슈베르트가 밀크커피 한잔과 여섯 개의 빵을 먹고 있는 것을 지켜 본 친구가 슈베르트의 엄청난 식욕에 깜짝 놀라며 말했다. "자네 먹는 양이 정말 대단하군!" "여보게, 사실 난 오늘 아무것도 먹지 못했다네." 그러자 친구가 슈베르트의 손을 잡고 웃음을 띠우며 말했다. "사실 나도 그렇다네." "자네도?"

가난하다고 스스로 얕보고 비웃어서도 안 되고, 기가 죽어서도 안 된다. 가난하기 때문에 참을성이 생기고, 작은 것에도 고마워 하는 마음이 생기기 때문이다.

슈베르트Franz Peter Schubert, 1797 - 1828
오스트리아의 작곡가. 약골에다가 가난한 삶을 보내며 독신으로 살다가 사망했다. 평생 140여편의 가곡을 지었다. 대표곡으로는 〈백로의 노래〉, 〈들장미〉, 〈겨울여행〉 등이 있다.

22. 무색해지는 순간

에머슨_{Ralph Waldo Emerson}은 외양간 밖으로 나온 송아지 한 마리를 외양간 안으로 끌어들이려고 아들과 함께 진땀을 빼고 있었다. 부자는 온갖 방법을 다 써보았지만 웬일인지 송아지는 기를 쓰고 안으로 들어가기를 거부했다. 둘이서 그렇게 한 시간이 넘도록 땀을 뻘뻘 흘리고 있는데 때마침 그곳을 지나던 늙은 부인이 그들을 보았다. 늙은 부인은 곧 두 사람을 밀치고 송아지에게 다가갔다.

늙은 부인은 먼저 송아지 입에 자신의 엄지가락을 물렸다. 그러자 송아지는 젖을 빨듯 그녀의 엄지가락을 빨기 시작했다. 그 상태로 부인은 천천히 뒷걸음질 쳐서 송아지를 우리 안으로 끌어들이는 데 성공했다. "······!!"

세상 사람들이 다 알아주는 에머슨의 풍부한 학식이 무색해지는 순간이었다.

에머슨Ralph Waldo Emerson, 1803 ~ 1882
미국의 사상가. 시민. 수필가. 주요저서로는 『자연론』, 『대표적 위인론』 등이 있다.

23. 여유가 있으면 보완할 수 있다

전국 시기 유명한 조각가 환혁桓赫은 이렇게 말했다. "조각을 잘하려면 우선 코를 크게 깎고 눈은 좀 작게 깎아야 한다. 코가 너무 큰 듯 하면 작게 수정하고 눈이 작은 듯 하면 크게 수정하면 된다.
코를 작게 깎거나 눈을 크게 깎으면 나중에 수정할 수가 없다.”

환혁은 일을 할 때 여유를 남겨 둔다면 다음에 보완할 수 있어 실패확률이 적다는 교훈을 알리고 있다.

우리가 문제를 처리할 때도 만회할 여지를 남겨두면 언제든 만회할 기회를 찾을 수 있을 것이다. 그리고 일을 할 때 여유를 남겨두면 자신의 능력을 발휘하여 보다 순조롭게 일을 처리할 수 있게 된다.

> 덕德은 내적인 것이며 득得은 외적인 것이다.
>
> 『한비자』

24. 처칠의 눈에 비친 히틀러

영국 수상 처칠은 어느 정치 강연에서 히틀러에 대해 이렇게 평했다.

“이 거대하고 공허한 세계에 서슴지 않고 위세있게 걸어 들어온 흉악하고도 용감한 미치광이 천재, 일찍이 없던 인류의 가슴을 썩어 문드러지게 하는 가장 독성이 강한 증오를 표현한 자, 그 이름은 히틀러 상병!” 히틀러가 제2차 세계대전에서 연전연승하자 마침내 러시아로 침략해 들어갔다. 이때 처칠은 그 어리석음을 다음과 같이 평했다.

"세상 사람들이 다 알고 있는 바와 같이 러시아에는 동장군冬將軍, 겨울의 딴이름. 인간이 대항할 수 없을 만한 겨울의 위력을 인격화하여 일컫는 말이 있습니다. 히틀러는 그것을 잊고 있습니다. 그는 매우 어리석은 교육을 받은 모양입니다. 우리들이 학교에서 배운 것을 그는 잊고 있는 것입니다. 나는 그렇게까지 심한 착오를 범한 일은 일찍이 없었습니다."

25. 때론 어리석음을 허용하라

1850년 전후의 프랑스는 하루 3프랑이면 처자를 부양할 수 있는 시대였다. 당시 파리로 입성한 대문호 뒤마Alexandre Dumas의 연 수입이 80만 프랑이어서 가히 왕후 못지않은 호화생활을 누릴 수 있었다.

그러나 방탕과 사치로 뒤마의 노년 생활은 그리 넉넉하지 못했다. 손에 가진 것이라곤 금화 한 닢과 몇 푼의 잔돈이 전부의 재산이었다. 그런 뒤마를 두고 사람들은 손가락질했지만 그는 태연하게 말했다.

"지금 내가 가진 돈은 50년 전 내가 파리로 들어올 때 가지고 있던 돈과 같은 액수인데 50년간 실컷 썼는데도 한 푼도 줄지 않았다. 누가 날 더러 낭비가 심하다고 할 것인가!" 사람은 때에 따라 가끔은 어리석은 행동을 하는 것도 정신을 이롭게 한다.

뒤마Alexandre Dumas, 1802 - 1870
프랑스의 대문호. 대표작으로는 『몽테크리스토 백작』, 『삼총사』 등이 있다.

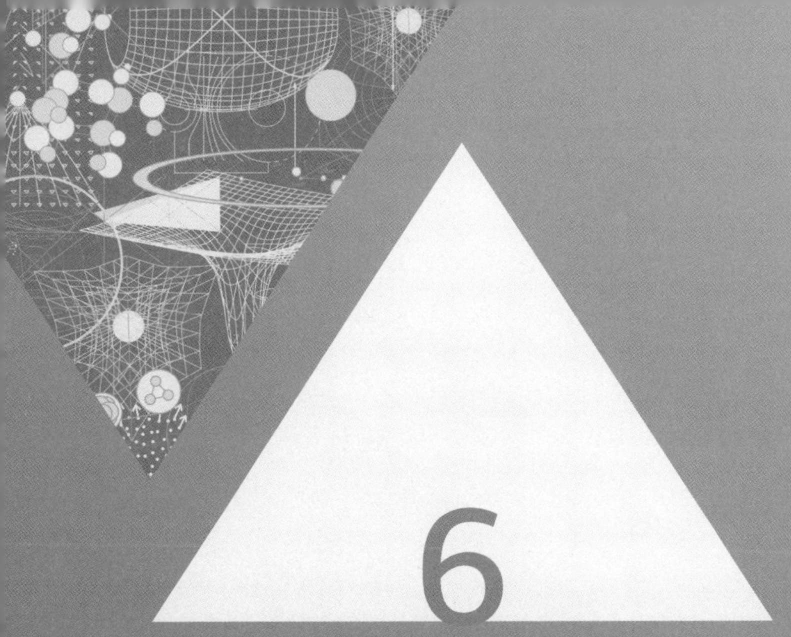

성공에 대한 철학만담

사마천BC 145 - BC 86은 성공을 하려는
사람들에게 "앞서가는 사람을 제어하라"라고 말하였다.
이 말은 앞서가면 남을 제어할 수 있고
뒤에 가면 남에게 제어당할 수 있다는 것이다.
같은 일에서도 남보다 한 발 앞서 시작하면 그 만큼 유리하고,
같은 장소로 갈 때도 남보다 한 발 앞서 가면
그만큼 경쟁에서 이기는 길이 된다.

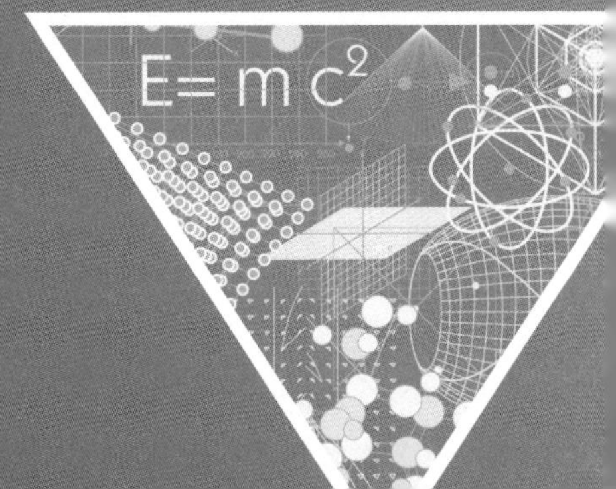

1. 담배를 끊은 의지력

아이젠하워Dwight Eisenhower가 참모총장으로 있을 때 워싱턴에서 그와 오찬을 나눈 친구는 아이젠하워가 12시 45분에서 오후 3시까지 적어도 다섯 개의 궐련을 피웠다고 기억했다.

평상시 아이젠하워는 하루에 60개 또는 그 이상의 담배를 굴뚝처럼 피워댔다. 그런 그가 하루는 갑자기 맥박이 빨라져 의사의 권고로 담배를 끊을 수밖에 없었다. 그는 그 순간부터 완전히 담배를 끊었다. 그러자 일주일만에 맥박이 정상으로 돌아왔다. 그러나 그는 여전히 담배를 입에 대지 않았다. 한 친구가 그에게 물었다. "사람들이 당신 집무실에 와서 담배를 피울 때 마음에 거슬리지 않소?" 그는 한바탕 크게 웃으며 대꾸했다. "천만에, 나는 그들에게 도덕적 우월감을 느끼죠. 내게는 담배를 끊을 만한 의지력이 있지만 그 사람들에게는 그런 의지력이 없다는 생각이 드니까"

의지는 다른 어떤 재산보다도 가장 훌륭한 재산이다. 굳은 의지에서 얻은 행복이 쌓아놓은 재산보다 훨씬 크다.

아이젠하워Dwight Eisenhower, 1890 - 1969
미국의 정치가, 제34대 대통령1952 - 1961. 텍사스주 데니슨Denison, Texas에서 출생했으며 1892년 캔자스주 애빌린Abilene, Kansas에 정착하였다. 1915년 웨스트포인트 육군사관학교를 졸업한 후 제1차 세계대전 중 전차훈련소를 비롯해 여러 곳에서 교관으로 근무하며 국내에 머물렀다. 종전 후 1924년까지 파나마운하 지역에서 근무했으며, 육군참모학교에서는 장교 중 수석을 하는 등 두각을 나타내어 워싱턴에 있는 육군전쟁대학Army War College을 거쳤다. 저서로『유럽십자군Crusade in Europe』1948이 있다.

2. 소니의 경영 비결

제2차 세계대전 후, 전쟁에서 돌아온 두 명의 일본 청년, 이부카 마사루와 모리타 아키오는 500달러를 투자하여 폐허가 된 어느 한 백화점 위에 소니SONY라는 회사를 설립하였다. 그들은 십 수년간 동거 동락하며 회사를 끊임없이 발전시켜 오늘 날 72개의 자회사와 전세계 7개국 3천여 곳에 공장, 총 직원 수 4만여 명에 연간 매출액 50억 달러를 기록한 대기업으로 성장했다.

소니는 실력제일주의를 지향하며 유기적인 인력 구조시스템을 구축하였기에 수많은 과학기술 인력을 보유하고 있을 뿐만 아니라 고도의 창의성을 지닌 경영 인력을 선발하여 배치하는 것을 중시했다.

두 창업주는 고위직 경영진을 선발할 때 다양한 경험과 기발한 발상을 가지고 과감하게 개혁을 추진할 줄 아는 사람들을 이용했다. 이로써 소니는 시종일관 생기와 활력을 유지함으로써 성공을 가져올 수 있었다.

3. 흥정의 이유

볼테르Voltaire는 칼을 사려고 했다. 가게 주인은 볼테르가 사려는 칼 값으로 20프랑을 요구했다. 그 이야기를 들은 볼테르는 잠시 생각을 하더니 2프랑을 깎으려 했다. 그러나 주인은 끝내 깎아주지 않았다. "칼이 별로 마음에 들지 않는데…" 볼테르는 이렇게 하면서 상당히 오랜 시간을 끌었지만 주인은 결코 그의 말에 넘어가지 않았다.

"선생님, 정직한 상인에게 에누리란 없는 법입니다. 오직 물건의 정당한 값만을 받을 뿐입니다. 선생님의 말씀대로 받고 싶지만 그랬다가는 사랑하는 제 자식들에게까지 피해를 주고 말 것입니다."

주인의 말을 듣고 볼테르는 좋은 기회다 싶어 아이들 이야기를 했다.

"아이들이 있어요?"

"그럼요. 사내아이가 셋, 계집아이가 둘, 맨 끝이 열두 살 입니다."

"그래요? 그렇다면 큰 아들의 취직이나 큰 딸의 혼사도 걱정 하셔야겠는데요. 제가 친구들도 많고 신용도 꽤 있어서 도움이 될 겁니다." 라고 말하며 볼테르는 주인의 반응을 살폈다. 하지만 주인은 연신 허리를 굽히며 잘 부탁드린다고 말하면서도 그 칼의 값에 대해서는 일언반구도 하지 않았다.

사실 볼테르는 그 2프랑이 아까워서 값을 깎고자 함이 아니라 사실은 자기의 설득력을 시험해 보고자 하였다. 하지만 상인을 기어코 설득하지 못한 볼테르는 자신의 언변을 늘리기 위해 더욱 노력하였다.

볼테르Voltaire, 1694 - 1778
18세기 프랑스의 작가, 대표적 계몽사상가. 비극작품으로 17세기 고전주의의 계승자로 인정되고, 오늘날 〈자디그〉·〈캉디드〉 등의 철학소설, 역사 작품이 높이 평가된다. 백과전서 운동을 지원하였다.

4. 현실을 냉철하게 직시하다

1848년 1월, 미국 캘리포니아에서 금광이 발견되었다. 수많은 사람들이 부자의 꿈을 안고 캘리포니아 주로 몰려들었다. 일확천금의 꿈에 들뜬 사람들 행렬에 열일곱 살 어린 청년 아모르도 끼어 있었다.

그는 무일푼의 가난한 농민의 아들이지만 역시 가슴 가득 희망을 품고 발걸음을 재촉했다. 그런데 막상 캘리포니아에 도착해 보니 가장 기본적인 채금장비를 살 돈도 없었다. 맨손으로 금을 캔다는 건 말도 안 되는 이야기였다. 금을 캐는 일도 어렵지만 우선 먹고 마시는 것이 가장 큰 문제였다.

광산지대는 땅이 메마르고 기후가 건조하여 물의 가치를 황금만큼이나 귀하게 만들었다.

"누가 물만 배부르게 마실 수 있게 해주면 금화 두 닢이라도 주겠다." 이런 말을 듣고 있던 아모르의 머리에 문득 기발한 아이디어가 떠올랐다. 금 캐는 사람들에게 물을 판다면 금을 캐는 것 보다 더 많은 돈을 벌 수 있겠다고 생각하였다.

아모르는 즉시 금을 캐겠다는 생각을 버리고 물도랑을 파서 맑은 물을 끌어들이는 작업에 착수했다. 몇 단계에 걸쳐 여과한 도랑물은 시원하고 감미로운 음료수가 되었고 아모르는 그 물을 나무통이나 주선자에 담아 사람들에게 팔았다.

그런 아모르를 보고 사람들은 '금을 캐서 큰돈을 벌 생각을 해야지 그렇게 하찮은 물장사를 해서 언제 돈을 벌겠느냐'며 비웃었다. 하지만 아모르는 부지런히 물을 날라다 팔았다.

당시 일확천금을 꿈꾸며 캘리포니아로 몰려드는 사람은 점점 늘었지만 이들 중 누구하나 큰돈을 벌었다는 사람은 없었다. 몇 달이 지나자 아모르는 6000달러를 벌어 들였다. 그 당시로서는 엄청난 거금이다. 많은 사람들이 금을 찾지 못해 주린 창자를 붙잡고 떠돌아다닐 때 아모르는 어느새 부자가 되었다. 아모르는 이런 투자 전략으로 일순간 갑부로 되었고 또한 뛰어난 사업가로 변신했다.

아모르의 지혜는 채광 열풍을 냉철하게 직시하고 재빠르게 행동한데 있다.

5. 불리한 조건을 유리한 조건으로

1970년부터 1979년 사이에 세계적인 석유파동이 세 차례나 불어닥쳤다. 석유 한 드럼 가격이 1.8달러에서 무려 32달러로 껑충 뛰었다. 거듭되는 유가 폭등으로 서구의 수많은 자동차 생산업체들이 전례 없는 경영난을 겪게 되었고 기업들마다 별의별 방법을 총동원했지만 속수무책이었다.

그러나 일본 기업가들은 위기를 전화위복의 기회로 삼아 국가경제를 향상시켰다. 그들은 산유국과 시비를 벌이는 대신에 유가 폭등으로 위축된 소비자의 심리를 읽고 에너지를 획기적으로 절약할 수 있는 상품개발에 주력해 기름 소모량이 적은 소형자동차를 생산하였다.

소형 자동차는 연비가 높을 뿐만 아니라 수입차와 비교가 되지 않을 정도로 값이 저렴했기 때문에 출시되자마자 선풍적인 인기를 끌었다. 또한 대규모 해외수출에도 성공함으로써 막대한 부를 창출했다. 이는 불리한 조건을 유리한 조건으로 바꾸고 역경 속에서도 다른 기회를 찾아내고 즉시 행동한 것에서 성공할 수 있었던 것이다.

6. 성공을 초래한 비결

미국 제20대 대통령 가필드가 대학생 때의 일이다.

같은 반 학생 중에 수학 성적이 뛰어난 학생이 있었다. 지기 싫어하는 가필드는 그를 따라잡기 위해 맹렬히 공부하였다. 그러나 아무리 노력해도 수학은 언제나 그 학생의 뒤쪽이었다.

어느 날 밤, 공부를 마치고 잠자리에 들려고 하던 가필드는 문득 그 학생 방쪽을 보니 불이 환하게 켜져 있었다. "도대체 언제까지 하려는 거지?" 불이 꺼질 때까지 지켜보고 있자니 10분 정도 후에야 불이 꺼졌다. 가필드는 자신도 모르게 무릎을 쳤다. "그래 10분이다." 그 다음날 밤부터 가필드는 10분 늦게 자기로 했다. 그리고 그만큼 수학문제를 많이 풀 수 있었다. 가필드는 마침내 그 학생을 추월하고 일등이 되었다. 훗날 가필드가 대통령으로 취임했을 때 그 당시를 회상하며 다음과 같이 말했다.

"10분을 이용한다. 이것이 모든 일에 있어서 성공을 초래하는 비결인 깃이다!"

제임스 가필드 James A. Garfield, 1831 - 1881
미국의 제20대 대통령이며, 미국의 대통령 중에 두 번째로 짧은 재임기간1881을 가졌다.

7. 뉴튼의 실수

그날, 뉴튼Newton은 집에 찾아온 친구와 함께 식사하기로 약속하였다. 그런데 음식이 다 차려지고 기다려도 뉴튼은 서재에서 나오지 않았다. 친구는 뉴톤의 그런 괴벽한 습관을 알고 있었는지라 혼자서 식사하기 시작하였다. 그는 접시에 담긴 닭고기를 다 먹고나서 뉴튼을 한 번 놀려보려고 닭 뼈를 전부 접시에 도로 담은 다음 거기에 뚜껑까지 고스란히 덮어놓고 떠나가 버렸다. 뉴튼은 몇 시간 지나서야 서재에서 나왔다. 허기에 진 그가 접시에 덮은 뚜껑을 열어보았더니 거기엔 먹고 남은 닭뼈 밖에 없었다. 뉴튼은 몹시 놀라며 혼자 소리로 되뇌었다.

"아이참, 방금 식사를 해놓고선, 밥을 먹으러 나오다니. 또 실수했구나." 그런 후 그는 다시 서재로 돌아가 사색하며 연구하기 시작했다.

8. 자동차 왕 포드와 석유왕 록펠러의 씀씀이

어느 날, 포드Henry Ford가 시골의 조그만 호텔에 숙박을 했다. 이튿날 아침에 잠자리에서 일어난 포드는 호텔 주인을 불러 화를 냈다. "여보시오. 밤중에 쥐 두 마리가 밤새도록 서로 싸우는 바람에 나는 한잠도 못 잤단 말이오!" 그런데 주인은 조금도 당황하는 빛이 없이 태연이 대답하는 것이었다. "그래요? 그럼 손님은 단 3달러의 숙박비를 내고 무엇을 기대했단 말이오. 투우라도 구경하고 싶었단 말입니까?”

록펠러_{John Rockefeller} 가 워싱턴의 윌라드 호텔에서 머물 때다. “이 호텔에서 제일 싼 방을 하나 주시오. 목욕탕은 없어도 되니까.” 이 말을 들은 프런트 담당자가 깜짝 놀라서 말했다. “아니 자제분께서는 언제나 제일 좋은 방을 달라고 하시는데요.” “그래? 내 아들에게는 돈 많은 애비가 있으니까 그럴 수 있지만 나는 그런 행운을 물려받지 못했다네.”

어느 날, 록펠러가 마침 잔돈이 없어서 비서한테 버스 값 10센트를 빌렸다.

“고맙네. 내일 아침에는 틀림없이 갚을 테니. 혹시 내가 잊고 있거든 꼭 10센트를 갚아 달라고 내게 주의를 환기시켜 주게.”라고 말했다. 이 말에 비서는 오히려 황송해 하였다. “무슨 그런 말씀을 하세요. 괜찮습니다. 그까짓 대수롭지 않은 10센트를 가지고…” 그러자 록펠러는 벌컥 화를 내면서 정색을 하고 말했다. “여보게. 자네는 계산이란 것을 모르는 군. 이 10센트로 말하면 1달러의 2년분 이자일세. 그걸 생각해야지.”

9. 자신의 부가가치를 높이려면

미국 국적을 가진 중국인 노벨물리학상 수상자인 양진녕楊振寧은 젊었을 때 미국으로 유학을 가서 실험물리학 논문을 쓸 결심을 했다. 그러나 나중에 자기의 실험 능력이 떨어짐을 알고 지도교수의 권고 하에 실험물리학을 포기하고 이론물리학 연구로 전환했다. 이 결정적인 한 걸음이 그에게는 중요한 한 걸음이었다.

"그것이 내가 오늘날 실험 물리학자가 되지 않은 이유다. 어떤 친구는 내가 실험물리학을 포기한 일이 실험물리학계로서는 다행일지도 모른다고 했다."

우리가 직업을 선택할 때도 마찬가지이다. 어떤 직업이 자신에게 많은 재산을 가져다줄지, 자신을 유명하게 만들어줄지를 고민할 것이 아니라 자신이 최선을 다해서 매달릴 수 있는 직업을 선택해야 한다. 그리고 자신의 특기를 충분히 발휘할 수 있는 직업을 선택해야 한다. 이렇게 하여야만 자신의 부가가치를 높일 수 있다.

10. 판단력과 적절한 균형감각

조조의 군사들이 한중을 치기 위해 진을 치고 조조의 지시를 받기 위해 모였는데 별 지시는 없이 다만 밥상 위에 놓인 계륵鷄肋을 보고만 있었다.

그러나 여러 장수들은 그 뜻을 이해하지 못했다. 그런데 서기관인 양수는 그 뜻을 알아차리고 서둘러 철수 준비를 시키고 있었다.

다른 군사들이 그 뜻을 몰라 양수에게 그 이유를 물었다.

"계륵, 즉 닭갈비만 버리기는 아까우나 먹어봐야 별로 먹을 것이 없으니 마치 한중에 비할 만하다. 나는 계륵을 보는 순간 왕이 돌아가기를 원한다는 것을 알았다." 이리하여 조조는 한중을 포기했지만 오히려 군대를 모두 귀환시킬수 있었으므로 다행으로 여겨 기뻐했다.

싸움은 공격만으로도 이길 수 없으며 도망만으로도 이길 수 없다. 이때다 싶을 때는 과감하게 나가 덤벼드는 것도 필요하고 끈기 있게 자리를 고수하며 싸워야 하는 때도 있다.

조조는 그런 싸움을 수없이 치러왔다. 한중의 전투에서는 무조건 밀어붙이는 정면대결을 해서는 안 됨을 잘 알고 있었기에 서슴지 않고 철수한 것이다. 이 점만으로도 조조의 장수로서의 비범함을 엿볼 수 있다.

멈추는 것을 아는 것은 비단 조조만이 아니다. 적당한 시기에 멈추는 것을 아는 것이야말로 균형 감각이 발달하고 판단력이 확실한 사람이라고 할 수 있다.

대부분 사람들은 자기 행동에 제동을 거는데 능숙하지 못해 곤란을 겪는 경우가 많은데 이는 균형 감각이 무디기 때문이다.

조조曹魏

중국 후한 말기의 정치가이자 군인. 자는 맹덕孟德이다. 후한이 그 힘을 잃어가던 시기에 비상하고 탁월한 재능으로 두각을 드러내, 여러 제후들을 연달아 격파하고 중국대륙의 대부분을 통일하여, 위나라가 세워질 수 있는 기틀을 닦았다.

11. '호랑이'를 잡으려면

　일본 기업가 마쓰시타 고노스케松下幸之助가 창설한 파나소닉 전자는 누구나 알고 있는 유명 기업이다.

　1927년, 파나소닉은 거의 모든 자금을 건전지를 사용하는 내셔널 램프 생산에 쏟아 부었다. 제품은 가정용으로 사용하기 편리하기 때문에 출시하기가 무섭게 팔려나갔다. 그런데 얼마 후 일본에 불황이 닥치면서 파나소닉의 생산 제품 판로가 막히게 되었다.

　이런 와중에도 파나소닉은 당황하지 않고 시장흐름을 냉정하게 파악한 뒤 내셔널 램프 1만개를 무상으로 제공하는 판촉활동을 계획했다. 그런데 램프는 꼭 건전지를 사용해야 한다는 것이 가장 큰 걸림돌이었다. 이에 마쓰시타 고노스케는 오카다 건전지 회사 총수를 찾아가 무상으로 건전지 1만개를 제공해달라고 제안했다. 이에 오카다 총수는 적잖게 놀랐다.

　"저도 큰 맘 먹고 이렇게 찾아온 것입니다. 지금으로선 이 방법이 유일한 해결책이기 때문입니다. 일단 우리의 상품의 판로가 열리면 협조해 주신 보답으로 1년 안에 귀사의 건전지 20만개를 팔아드리겠다고 약속하겠습니다." 자신만만해 하는 마쓰시타 고노스케의 모습에 감명을 받은 총수는 마침내 그 제안을 받아들였다. 결과는 마쓰시타 고노스케의 예상대로였다. 내셔널 램프 1만개가 무상 공급되자 전국각지에서 주문서가 날아들었는데 건전지도 예상보다 두 배나 많은 40만개가 판매되었다.

　그때부터 내셔널이란 세 글자는 건전지 램프의 대명사가 되었다.

마쓰시타 고노스케의 경영전략은 눈앞의 이익을 포기했기에 오랫동안 이익을 얻을 수 있었다. 눈 앞 이익만 바라는 짧은 안목으로는 절대 큰 이익을 얻어낼 수 없다.

12. 기회가 왔으면 바로 잡아라

건국시대 말기. 조나라의 수도 한단은 상업이 번창하고 여러 나라 사람들도 많이 왕래하고 있었다.

한나라의 거상 여불위呂不韋는 상업상으로 한단에 자주 드나들었는데 우연히 진나라의 태자 안국군의 서자인 자초가 이곳에서 인질로 살고 있다는 것을 들었다. 듣는 바로는 자초가 아주 곤란한 생활을 하고 있다는 것이다. 며칠이 지나자 여불위의 머리에 번개 같은 영감이 떠올랐다.

"이 귀중한 물건을 잡아두자. 이것은 뜻밖의 횡재다. 잡아두면 큰 값이 될 것이다."

여불위는 그 어떤 투기를 하는 듯한 흥분된 기분으로 곧 자초의 집으로 찾아갔다. "어디 한번, 당신의 집을 화려하게 꾸며 봅시다." 하고 허물어가는 집을 바라보면서 엉뚱한 소리를 했다.

자초는 농담이라 생각하고 가볍게 받아 말했다. "아닙니다. 당신 집이 빈창하면 사언히 우리 집도 번창해지니까요." 여불위는 목소리를 낮추어 말했다. "아시겠습니까. 머지않아 당신의 아버지 안국군께서 진왕이 되실 겁니다. 그러나 정비 화양부인께서는 자손을 얻지 못하였습니다. 당신까지 합쳐 20여 명의 서자분들이 계시니 그 중에서 누구를 태자로 정할지 어찌 알겠습니까. 솔직히 당신은 결코 유리한 입장에 있는 게 아닙니다.”

“사실이지만 이제 새삼 무엇을…” “바로 그게 문제입니다. 제게는 돈이 있습니다. 화양부인에게 보낼 선물이나 널리 인재를 모으기 위한 자금을 내겠습니다. 직접 진나라에 가서 당신을 태자로 세울 일을 화양부인과 함께 손을 씁시다.” 자초는 이게 무슨 행운이냐며 흥분되어 어쩔 줄을 몰랐다. “만약 자네가 말한 대로 된다면 나와 함께 진을 다스리세!” 하고 맹세했다.

여불위의 재력과 웅변은 화양부인을 매수하도록 하여 한낱 불우한 서자를 태자로 책봉하는데 마침내 성공했다. 그리고 자기 아이를 배고 있던 조희를 순진한 자초에게 시집보냈다. 몇 년 후 조희에게서 태어난 아이가 시황제가 되었으니 여불위의 야망은 훌륭하게 달성된 것이다.

자초라는 기화奇貨를 여불위의 손아귀에 넣어 진나라 전체를 쥐었다 놨다 했다.

여불위呂不韋, BC 292 - BC 235
통일 진나라의 초석을 놓은 여불위는 승상으로 재임하는 동안 수많은 학자들을 동원하여 여러 학문을 집대성한 책을 만들게 했다. 그 결과 제자 백가의 학설뿐만 아니라 민간전설 · 민간요법 · 도교 등에 관한 개론서인 『여씨춘추』를 펴냈다. 여불위는 원래 상인 출신이었지만 자신의 영향력을 행사해 진의 왕자 중 하나인 자초를 매수함으로써 출세의 발판을 마련했다.

13. 판단과 행동력

미국 제31대 대통령 후버^{Hoover}는 9살 때 아버지를 여의고 숙부의 손에서 성장했는데 독학으로 대학에 진학했다. 대학은 당시 캘리포니아에 갓 창설된 스탠포드 대학이었다. 동 대학은 상원의원 스탠포드가 사재를 털어 설립한 것으로 오늘날에는 미국에서 손꼽는 명문대학교이다.

후버는 운 좋게 입학할 수 있었지만 학자금을 어떻게 조달하느냐가 문제였다. 숙부에게 신세지고 있는 처지고 학자금의 원조를 기대할 수는 없었다. 한 가지 꾀를 생각해낸 그는 학생 대기실에 이런 전단지를 뿌려 학생들을 놀라게 했다. "더러운 세탁물을 받습니다. 번거로운 세탁물은 저 광산지질학과 후버가 모두 받겠습니다. 저렴한 가격으로 여러분의 요청이 있으면 신속하게 기숙사나 아파트로 찾아가겠습니다." 이 광고는 교내를 떠들썩하게 했으며 대부분의 학생들이 후버에게 세탁물을 맡겼다.

물론 후버가 세탁설비를 가지고 있었던 것은 아니다. 그렇다고 해서 직접 손으로 빠는 것도 아니었다.

만약 그랬다면 본업인 공부는 도저히 불가능했을 것이다. 그는 부근의 세탁소에 세탁물을 공급해주고 소개료 형식으로 얼마씩 사례금을 받았던 것이다. 세탁소의 입장에서 본다면 영업을 할 필요도 없이 대량으로 주문이 들어왔으므로 바라던 바였다.

이 일석이조의 아이디어로 후버는 학자금을 충분히 마련할 수 있었다.

역경에 부딪히면 후버는 언제나 그것을 뛰어넘어왔다. 그것은 그가 문제를 어떻게 처리해야 하는가 하는 판단과 결단을 내리면, 그 즉시 실행하는 행동력의 소유자였기 때문이다.

14. 세력을 만들고 힘을 빌리다

존 케네디John F. Kennedy가 상원의원에 진입하기 위한 선거운동 때이다. 야곱을 비롯한 유대인들이 케네디가 유대인에 대해 반감을 가지고 있다고 강력하게 공격을 가했다.

이에 케네디는 불안을 참다 못해서 그와는 이미 수년간 왕래도 없었지만 유대인들 속에서 상당한 영향력이 있는 존 W. 맥코맥에게 전화를 걸어 도움을 청했다.

얼마 후, 선거본부에서 맥코맥은 케네디와 굉장히 친밀한 것처럼 포옹하고 인상깊은 연설을 했고 특히 케네디를 비난한 내용에 대해서도 강력하게 반론을 펼쳤다.

"여러분은 이스라엘 원조와 관련하여 존 케네디를 오해하고 계십니다. 저는 공화당 측에서 이스라엘 원조안의 부결을 준비하고 있다는 정보를 접수하고 백악관 복도에서 한참 고민하다가 누군가를 찾아서 원조안건 폐지로 인해 이스라엘이 받게 될 타격을 최소화하기 위한 수정안에 대해 의논하기로 결정했습니다. 그리고 제가 선택한 사람이 바로 케네디였습니다. 그는 저의 건의안에 동의해주었습니다. 이스라엘 원조 안건을 살려낸 것은 바로 존 케네디입니다.” 이 연설을 들은 유대인들은 열렬한 박수로 케네디에게 감사를 표시했다.

당시, 케네디는 맥코맥이 너무나 천연덕스럽게 거짓말을 하여 자신조차도 믿기 어려웠다. 그러나 맥코맥의 연설을 통해 수많은 유대인 유권자들의 신뢰와 지지를 얻어냈고 반대파들의 상원의원 입성을 저지하는데 성공했다.

15. 스피드식 성공 책략

복숭아는 단 하나인데 원하는 사람이 많은 경우 행동이 가장 빠른 단 한명만이 복숭아를 얻을 수 있다.

어느 해, 칠레의 한 동광銅鑛이 파산했다. 동광 소유주는 채무상환을 위하여 1500여 대의 새 차를 원가의 38퍼센트 가격으로 경매할 것을 결정했다.

미국의 한 상인은 이 정보를 듣자마자 곧 전보를 쳐서 구입의사를 밝혔다. 그러나 “뛰는 놈 위에 나는 놈 있다”는 말을 증명이라도 하듯 홍콩의 광대 실업光大實業 공사 왕광영王光英은 그 보다 한 발 앞서 그 계약을 체결해 버렸나. 칠레의 농광 1500대의 중고차는 매력적인 상품임에 틀림이 없었다.

왕광영은 이 경매에서 승리하기 위한 관건은 바로 시간이라고 믿었으므로 경쟁자들이 미처 손 쓸 새도 없이 속전속결로 상황을 마무리 했다.

왕광영은 스피드전을 감행하겠다는 결심만으로는 경쟁에서 승리할 수 없다는 것을 알고 있었다. 따라서 우수한 질량과 저렴한 가격의 상품이라면 곧바로 거래를 추진한다는 것이 왕광영의 유일한 사업신조이다.

16. 조금만 더 인내할 걸

미국 메사추세츠 공과대학원을 졸업한 아카데미는 새로운 석유탐사기를 개발했는데 기존의 탐사기와 전류계, 자력계, 시추기 등을 한데 조합한 훨씬 업그레이드된 장비였다.

아카데미는 그 장비를 들고 서부 사막의 한 투자회사 광구를 찾아가서 석유탐사에 돌입했는데 섭씨 45도가 넘는 숨 막히는 악조건 하에서 수개월 동안 돌아다녔지만 아무런 소득이 없었다. 결국 얼마 후 투자회사는 파산해 버렸고 아카데미는 일자리를 잃고 그곳을 떠나야 했다.

아카데미는 고향으로 돌아가기 위해 미국 중남부에 위치한 오클라호마 주의 오클라호마시티 역에서 기차를 타게 되었다. 역 건물에서 기차를 기다리면서 그는 무료함을 달래려고 탐사기를 세워놓고 장난을 쳤다. 그런데 뜻밖에도 기차역 지하에 석유가 대량으로 매장되어 있다고 나타나는 것이 아닌가! 마음이 착잡했던 아카데미는 더 이상 그 기계를 믿고 싶지 않았다. 홧김에 그는 탐사기를 내동

댕이쳐 부숴버리며 소리쳤다. "순엉터리! 거짓말쟁이! 사기꾼 같으니라고!" 그리고 아카데미는 의기소침한 모습으로 귀향길에 올랐다.

그런데 얼마 후 사람들이 오클라호마 지하에 엄청난 석유가 매장되어 있다는 사실을 알게 되었다. 정확히 표현하자면 오클라호마시티가 석유 위에 떠있는 도시라고 할 정도였던 것이다. 안타깝게도 아카데미는 자신이 개발한 장비를 자기 손으로 망가뜨려버림으로써 어마어마한 유전지대를 스쳐 지나가고 만 것이다.

아카데미는 "조금만 더" 라는 의지가 없었기에 실패자로 남고 말았으며 그 엄청난 충격은 평생 동안 그를 따라다니며 괴롭혔다. 결국 꾸준한 노력만이 성공으로 가는 지름길인 것이다.

17. 초등학교도 못 다닌 대통령

미국 제17대 대통령 앤드류 존슨Andrew Johnson은 3세 때 아버지를 잃었고 너무 가난하여 정규학교를 다니지 못했다. 13세 때 양복점의 점원으로 들어가 재봉틀 만지는 일을 배우게 되었고 17세에 양복점을 차려 독립하여 18세에 구두 수선공의 딸과 결혼을 하게 되었다.

학교를 다닌 적이 없으니 낭연히 읽고 쓰지 못했는데 이러한 존슨에게 미국의 대통령이 될 수 있도록 기초 교육을 시켜준 사람이 바로 그의 아내였다.

공부에 대한 그의 의욕이 얼마나 대단했던지 그는 나중에 테네시

주의 주지사가 되고 상원의원이 되었다. 그후, 그는 링컨 대통령 시절 부통령직을 지냈다. 그리고 링컨이 암살당한 그의 잔여 임기를 대통령으로 보낸 다음 제 17대 미국 대통령으로 출마하였다. 그때 반대편에서는 "일자무식으로 초등학교도 못나온 양복쟁이 주제에 어떻게 미합중국의 대통령이 될 수 있겠는가?"라고 비난의 화살을 퍼부었다.

그러나 존슨은 멋진 답변으로 비난의 화살을 잘 피할 수 있었다.

"예수 그리스도께서도 초등학교에 다녔다는 기록이 없을 뿐 아니라 더욱이 그 분은 목수이지 않았는가?"

그리하여 그는 무난히 미국 대통령으로 당선되었고 대통령 재직 시 우리 기억에 남을 만한 대표적인 업적을 남겨 놓았다. 그는 미국이 전세계 부의 75%를 좌우하게 되는데 절대적인 영향을 미치는 알래스카를 소련으로부터 720만 달러에 사들인 것이다.

빙설로 덮여있는 쓸모없는 그 땅이 수많은 천연자원을 품고 있음을 안 그분의 선견지명에 머리를 숙이지 않을 수 없다. 더욱이 일자무식이 아니었던가!

앤드류 존슨 Andrew Johnson, 1808 - 1875
존슨은 미국 남북전쟁 말기에 링컨 대통령이 암살된 후 대통령직을 승계하여 미국 제 17대 대통령1865 - 1869이 되었다. 하지만 그의 관대한 남부 재건정책들이 공화당 급진파 의원들의 불만을 사면서 미국 대통령 최초의 탄핵재판에 회부되는 불운을 겪은 인물이다.

18. 출기불의^{出基不意}

일본 니시야 형제는 끼니를 걱정할 만큼 가난한 생활을 하였다. 어느 날, 그들 형제는 한 가지 기발한 생각을 하였다. 가게가 발이 있어서 길과 골목으로 돌아다니면서 물건을 팔 수 있다면 고객들을 많이 모을 수 있고 물건을 파는 자신은 물론 고객들에게도 편리함을 제공할 수 있을 거라는 이동식 점포 아이디어를 탄생시켰다.

니시야 형제는 오래된 대형차를 개조시켜 이동식 점포를 완성했다. 한번 말한 것은 바로 실천에 옮기는 이들 형제는 약간의 돈을 빌려 장사에 필요한 물건과 상품을 구입하고 종업원을 고용했다. 니시야 형제는 신문을 통해 6개의 다리와 20쌍의 손을 가진 이동식 만물점포가 거리와 골목을 돈다는 광고를 냈다. 이 광고가 나오자마자 온 시내가 떠들썩해졌다. 점포에 발이 어떻게 생긴단 말인가? 삽시간에 이 점포에 대한 관심이 온 도시를 휩쓸었다.

마침내 6개의 바퀴와 20명의 직원들이 탑승한 점포 차량이 길에 등장했다. 화려하게 장식된 이동식 점포는 마치 시집가는 신부 같았다. 점포차량 측면에는 "니시야 형제 유동상점"이란 상호가 적혀 있었다.

순식간 괴물의 정체를 깨달은 사람들은 형제의 기발한 광고 전략에 또 한 번 감탄했다.

그들 형세가 이동식 점포를 열기 이전까지 사람들은 이런 유형의 상점을 본적이 없었다. 더욱이 이들 형제는 개점 초기에 고객들에게 많은 서비스를 제공했기 때문에 고객들의 큰 호응을 얻었다. 점포의 점원들은 항상 만면에 웃음을 띠고 친절한 서비스를 고객들을 대했다.

기자들은 니시야 형제 점포와 끊임없이 몰려드는 고객들의 모습을 연일 기사로 보도했다. 이로 인해 전 도시에 남녀노소는 물론 모든 사람들이 이동식 점포를 알게 되면서 니시야 형제는 순식간에 유명인사로 떠올랐다.

> **출기불의**出基不意
> 상대의 허를 찔러 공격하라는 말로, "그들이 방비하지 않은 곳을 공격하고 그들이 생각하지 못한 곳으로 출격하라攻其無備 出其不意·손자병법 計 편"는 데서 나온 말이다.

19. 차계생단 借鷄生蛋

남아프리카에서 채굴된 다이아몬드를 거의 독점하고 있는 드비어스DE BEERS는 세계적인 다이아몬드 회사이다. 홍콩에 수입되는 다이아몬드의 대부분이 이 회사의 것이다. 드비어스의 다이아몬드는 세계 각지에 500여 곳의 분점을 두고 있으며 모두 본사가 직접 부여한 증서를 가지고 있다. 이처럼 그들만의 독특한 방식으로 세계 각지에 영업 허가를 부여했다. 만일 훌륭한 보석을 다루는 사업을 펼치고 싶다면 훌륭한 다이아몬드를 확보하는 것이 가장 급선무이다.

하지만 남아프리카의 다이아몬드 광산은 남아프리카 정부의 재산이다. 그렇다면 어떻게 외부인이 이 사업에 참가할 수 있었던 것일까? 정유동은 자신만의 비결이 있었다. 남아프리카의 다이아몬드 광산은 비록 국유재산이기는 하지만 다이아몬드 가공공장은 모두 민영기업일 뿐만 아니라 드비어스가 발행한 영업허가서를 가지고 있었다. 때문에 다이아몬드 가공공장을 구입한다면 곧 드비어스의 허가서를 손에 넣을 수 있다고 생각을 했다. 그 결과 정유동은 곧장 남아프리카로 날아가 다이아몬드 가공공장을 매입하는데 성공했다.

이를 통해 정유동은 남아프리카로부터 다이아몬드를 수입하는 어려운 문제를 해결했을 뿐 만 아니라 동시에 자신의 공장을 소유하게 되었다. 그가 사용한 "닭을 사서 알을 낳게 하는" 술책은 그로 하여금 홍콩의 다이아몬드 제왕으로 만들었다. 뿐만 아니라 "차계생단" 술책은 자신의 기득이익을 보호하기 위해 활용되기도 한다.

차계생단借鷄生蛋
닭을 빌려 달걀을 낳게 한다는 말로, 다른 사람의 닭을 빌려서 알을 낳게 하는 접술이며, 이는 곧 다른 사람이 소유한 자원을 활용해 자기 것으로 만든다는 선의의 말이다.

정유동鄭裕東, 1925 -
홍콩의 슈퍼 갑부로, 주대복보석周大福珠寶, 홍콩회의전람센터, 홍콩군열호텔君悅酒店, 베이징신세계센터 등의 소유자이다.

20. 쓰레기로 1만 배가 넘는 부를 창출

1886년 미국의 독립 100주년을 기념해 프랑스는 "자유의 여신상"을 선물했다. 하지만 오랜 풍상과 사람들의 발길이 계속되자 조금씩 낡고 녹이 쓸어갔다.

1974년, 미국정부는 마침내 "자유의 여신상"을 보수하기로 결정하고 공사도중에 나오는 쓰레기를 처리하기 위해 폐기물 입찰공고를 냈다. 하지만 몇 달이 지나도록 선뜻 나서는 사람이 없었는데 프랑스에 머물고 있던 한 유대인 기업가가 그 소식을 듣고 급히 뉴욕으로 건너왔다. 그리고 동상의 쓰레기를 자기가 처리하겠다는 뜻을 밝혔다. 미국은 쓰레기에 대한 규제가 워낙 까다로워 구리덩어리, 나사못, 목재 등이 마구 뒤섞인 이 쓰레기를 처리하는데 엄청난 비용이 소요될 것이 뻔했다. 게다가 유대인 기업가는 쓰레기 값까지 모두 지불했다는 것에 사람들은 그의 결정을 비웃었다.

하지만 유대인 기업가는 아랑곳하지 않고 인부들을 고용해 쓰레기 더미를 옮긴 뒤 분리작업을 시작했다. 그리고 구리덩어리는 녹여서 작은 "자유의 여신상"을, 시멘트덩어리와 목재로는 여신상의 받침을 만들었다. 또 아연과 알루미늄으로는 뉴욕 광장 모양의 열쇠고리를 만들어 상품으로 내놓았다.

100년 역사를 가진 "자유의 여신상" 으로 만든 기념품은 날개 돋친 듯이 팔렸고 유대인은 그 쓰레기로 무려 350만 달러를 벌어드려 1만 배가 넘는 부를 창출했다. 이처럼 창조의 가치는 무한하다. 유대인의 성공비결은 사물의 다면성을 잘 이용할 줄 알았기 때문이다.

21. 신용도를 근본으로 하다

홍콩의 세계 선박왕 포옥강包玉剛의 성공비결을 궁금해 하고 그 비법을 알려고 하는 사람이 매우 많다. 그러나 포옥강은 한결같이 "비밀이나 비법은 없습니다. 첫째는 의지, 둘째는 기회, 셋째는 신용입니다." 라고 말할 뿐이었다.

1967년 포옥강이 경영하는 선단이 중국석유운송에 참여했을 당시 그는 중국선박이 구미석유회사들의 신뢰를 받게 하기 위해 석유운송 인력을 직접 조직하고 매치하였다. 그의 엄격하고 치밀한 계산과 총괄적인 계획에 따라 선단은 해양에서 예정대로 순항했으며 예상 보다 8시간이나 앞당겨 임무를 완성하였다.

이 일로 유일하게 중국선단을 이용했던 한 미국석유회사의 신임을 얻게 되었고 중국선단은 국제 선박계에 진출할 수 있는 신용도를 쌓는 계기를 마련했다. 이같이 포옥강은 신용도를 매우 중시했으며 사업을 성사시키는 근본으로 여겼다.

22. 소몰이로부터 발명가로

근대 기관차의 창시자인 영국의 조지 스티븐슨^{George Stevenson}은 한 광부의 가정에서 태어났다. 그는 생활의 핍박으로 인하여 8살에 남의 집 소몰이로 들어갔고, 14살에는 아버지를 따라 탄광에 가서 일하였다. 17살 때부터는 낮에 일하고 밤에는 남의 구두를 수리하거나 시계를 수리해 주었다. 그래야만이 입에 풀칠이라도 할 수 있었던 것이다.

그러나 스티븐슨은 공부만은 절대 포기하지 않았다. 그는 늘 야학에 가 7, 8살 되는 애들과 함께 학습하였다. 그래서 문맹이란 모자를 빨리 벗어버릴 수 있었다. 이어 그는 목마른 사람이 물마시듯 많은 과학기술서적을 탐독함으로써 이후의 발명을 위하여 훌륭한 기초를 닦아놓았다.

당시 탄광은 노동조건이 몹시 나쁜데다가 노동자들의 노동 강도도 몹시 높았다. 스티븐슨은 이런 정황을 개선하기 위해 증기기관차를 만들어보려고 생각하였다. 그리하여 그는 고생을 무릅쓰고 계속 책을 보며 연구하는 한편 또 실제적으로 실천하기도 하였다.

스티븐슨은 도보로 3천여 리나 걸어 증기기관차의 발명가 와트의 고향인 스코틀랜드에 가서 1년 남짓 일하면서 증기기관차의 구조와 원리를 명백히 알아냈다. 그후 다년간의 연구와 실험을 거쳐 그는 마침내 <로케트호> 증기기관차의 제조에 성공하였다.

후세의 사람들이 바로 이것을 끊임없이 혁신하였기 때문에 오늘

날 철도에서 질풍마냥 달리는 기관차가 있게 되었다.

23. 하루도 한가로이 보내지 않는다

중국의 저명한 화가 제백석齊白石의 붓 끝에 의해 그려진 새우, 게, 물닭, 모란, 연꽃, 배추 등은 모두가 살아있는 듯하여 보는 사람마다 즐겨하지 않는 사람이 없다.

그러나 그 누구도 화가의 놀라운 기교와 걸출한 예술기교가 어떻게 이루어 졌는가 하는데 대해서는 생각하지 못하였을 것이다. 제백석의 한 친구가 그림 그리는 '묘리妙理'를 배우려고 그를 찾아와 물었다.

"어떻게 해야 그림을 잘 그릴 수 있는 건가?"

"매일 그려야 합니다."

제백석은 이어 또 성실하면서도 유머러스하게 말하였다.

"하루도 한가로이 보내지 않습니다!"

이러한 노력이 있었기에 제백석의 그림은 형식과 내용을 겸비하고 기운이 생동하여 그림을 보는 사람마다 감탄해 마지않았다.

24. 성공의 철칙

마르크스Marx는 『자본론』을 쓰는데 40년 공들였다. 다윈은 『물종기원』을 쓰는데 20년 공들였다. 코페르니쿠스는 『천체 운행론』을 쓰는데 36년 공들였다. 괴테는 『파우스트』를 쓰는데 60년 공들였다.

톨스토이는 『전쟁과 평화』를 쓰는데 37년 공들였다. 사마천은 『사기』를 쓰는데 15년 공들였다. 이시진은 『본초강목』을 쓰는데 27년 공들였다. 조설근은 『홍루몽』을 쓰는데 10년 공들였다. 서하객은 『서하객 유람기』를 쓰는데 30년 공들였다. 이상의 숫자에서 보다시피 한 가지 대업을 이루는데 얼마나 장기적으로 꾸준히 노력해야 하는가 하는 것을 알 수 있다.

발자크는 "계속해서 지속되는 부단한 노동은 인생의 철칙이자 예술의 철칙이기도 하다."라고 말하였다.

그리고 루쏘도 "위대한 사업은 험난함을 마다하지 않고 정력을 다하여 완강하게 또한 부단하게 노력할 때만 이룩될 수 있다."라고 말하였다.

25. 인내하며 기다린다, 도광양회韜光養晦

1712년, 청의 강희제康熙帝가 태자 윤임을 제거시켰다. 그러자 황제 아들들은 즉시 태자가 되려고 분분히 일어나 적극적으로 활동하였다. 제각기 자기가 신통하다고 표현하고 서로 결탁하여 삼형제, 팔형제, 십사형제 등 집단이 출현하여 태자 자리 쟁탈전이 치열할 때, 한 아들만이 조용히 자기를 노출시키지 않았는데 그가 바로 넷째 윤진이었다. 그는 하루종일 집에 들어앉아 책을 보고 글을 썼으며 때로는 부처님 앞에서 기도를 드렸다. 보아하니 동궁의 자리다툼에 아무런 흥미가 없는 듯이 보였지만 실은 이것이 그의 고명한 표현인 것이다. 그는 기타 왕자들과 같이 노골적으로 자리다툼을 하지 않았지만 정력을 집중하여 강희제의 마음을 얻고자 성의껏 효심을 다했을 뿐만 아니라 강희제가 맡겨준 일이라면 별말 없이 착실하게 잘 완성하였다. 이렇게 하면서 자신의 능력이 알게 모르게 표현되었고 이는 강희제의 마음을 움직여 놓았다.

1722년, 강희제가 임종을 앞두고 넷째 윤진을 대통大統으로 계승시킨다고 유언을 남겼다. 이로써 끝내 "도광양회자신의 재능을 밖으로 드러내지 않고 안내하면서 기다린다"한 넷째 윤진이가 모든 형제를 제치고 승자가 된 것이다.

26. 돈이 아니라 지혜

제2차 세계대전이 끝난 직후. 찰스는 외진 시골을 떠나 시카고에 왔다. 청년인 찰스는 자신의 벽돌 쌓는 기술과 아주 적은 밑천으로 큰 도시인 시카고에서 반드시 성공하겠다고 결심했다.

그래서 찰스는 며칠 동안 돌아다니면서 조사해본 결과 건축업이 한창인 때라 벽돌공이 많이 필요하다는 것을 파악했다.

찰스는 자신이 건설회사에 취직한다면 먹고 사는데는 아무런 지장이 없겠지만 앞으로의 더 큰 발전은 기대할 수 없다고 판단했다. 그래서 자기가 갖고 있는 기술로 벽돌공을 양성해 시공을 맡기로 마음먹고 자기가 갖고 있는 돈을 몽땅 털어 벽돌공 양성 모집광고를 냈다. 그리고 필수적인 원자재를 사들이기 시작했다. 광고가 나

가자 예상보다 많은 사람들이 찾아왔고 혼자서 200일간 일해야 벌
수 있는 돈을 단 1주일 만에 벌 수 있었다.

찰스는 자원을 통합, 이용할 줄 알았기에 자신의 기술과 자금, 그리
고 시장의 수요를 통합시켜 가장 큰 부가가치를 창출해 낸 것이다.

27. 문학에 눈뜨게 된 계기

미국 문학의 링컨이라 부르는 마크 트웨인Mark Twain은 어느 인쇄
공장 직공에서 일약 세계적인 문호로 발돋움 했다. 트웨인에게 작
가의 길을 걷게 한 것은 겨우 한 장의 종이쪽지였다.

어려서 부친을 잃은 그는 14세 때 이미 인쇄소에 고용직으로 취
직했다. 어느 날, 트웨인이 골목길을 걷고 있는데 한 장의 쪽지가
바람에 날려 왔다. 생각없이 집어서 읽어보니 그것은 유명한 프랑
스의 영웅 잔 다르크 전기의 한 페이지였다. 거기에는 애국심에 불
타는 오를레앙의 처녀가 붙잡혀 루앙성에 감금되는 대목이 쓰여
있었다.

"뭐야, 이런 지독한 놈들!"

어린 트웨인은 잔 다르크의 이름조차 몰랐지만 한 페이지에 써진
이야기에 몹시 감동을 받아 그때부터 잔 다르크에 대해 써진 책을
닥치는 대로 읽게 되었다. 그리고 마침내 문학에 눈을 떠 작가의 길
에 들어서게 되었다.

28. 허물 있는 큰 그릇

『중용』을 쓴 자사子思는 어느 날 위왕에게 인물을 천거했다.

"구변이라는 사람은 대장의 그릇입니다. 중용하는 것이 좋을 듯합니다."

하지만 위왕은 고개를 가로저으며 말했다.

"구변이 큰 그릇인 것은 나도 잘 알고 있소. 하지만 그 자는 옛날 하급관리로 있을 때 백성들에게 계란 두 개씩을 바치도록 해서 착복한 일이 있네. 그처럼 성품이 열악한 자를 어찌 대장으로 등용하겠는가."

"군왕이 인물을 중용하는 것은 마치 목수가 재목을 취하는 것과 같습니다. 나쁜 점은 버리고 좋은 점만 취하는 것이지요. 좋은 목재에도 의례 벌레 먹은 구멍이 있는 법. 그래도 뛰어난 목수는 그 자리만 깎아내지 나무 전체를 버리지 않습니다. 더구나 지금은 인재가 절실하게 필요한 난세가 아닙니까. 그런 작은 허물 때문에 큰 그릇이 될 인물을 버린다면 국가적 손실이 됩니다."하고 자사가 대답했다.

29. 부자간의 지혜 겨루기

미국의 철두왕 코넬리우스 밴디빌드Cornelius Vanderbilt는 아들과 구두로 협상한 일이 있었다.

큰 아들 윌리엄이 아버지에게 물었다. "아버지, 아버지! 마굿간에 말똥이 너무 많이 쌓여 있어요. 그래서 제가 말똥을 팔려고 하는데 값을 어떻게 받아야 할지 모르겠어요." 밴더빌트는 두뇌회전이 빠른 인물이다. 그는 아들에게도 예외가 아니었다. "한번 실을 때 4달러는 받아야지" 이것은 일반적인 말똥 가격보다 두 배 높은 가격이었다. 하지만 아들은 그렇게 하겠다고 대답했다.

아들이 좋아해서 달려가자 밴더빌트는 큰 소리로 한탄하며 말하였다. "우리 집안은 이제 끝장났어. 아들놈이 저렇게 세상 물정을 모르니." 일주일 후 아들이 다시 아버지를 찾았다. "아버지, 제가 이미 사람을 시켜서 말똥을 다 운반해 가게 했어요. 여기 말똥 값이에요." 그가 받은 돈은 겨우 12달러 뿐 이었다.

"어찌된 일이니? 겨우 3대밖에 안 된단 말이니? 내 마구간에 산처럼 쌓인 말똥은 트럭 30대로도 모자랄 양이었을 텐데." "아버지, 틀렸어요. 저는 배3척으로 운반한 걸요."

밴더빌트는 아들이 자신이 말한 걸 교묘하게 이용하여 자신을 속이리라고는 생각하지 못했다. "내 평생 사람을 속이며 살았는데 내 아들이 아버지를 속이다니, 아들놈이 애비보다 나으니 그래도 복이 있는 셈이군."

코넬리우스 밴더빌트 Cornelius vanderbilt, 1794 - 1877
미국의 해운업과 철도 산업으로 재산을 모은 사업가, 자선가. 밴더빌트 가문의 가주이며, 미국 역사상 가장 부유한 인물 중의 한 사람이다. 1척의 보트로 시작한 해운업에서 사업을 일으켜 증기선으로 사업을 확대했으며, 미영 전쟁에서 정부의 상인이 되었다. 그 후 철도 사업에 진출하여 뉴욕 센트럴 철도와 니켈 플레이트 철도를 지배하에 두고 '철도왕'이라는 별명을 얻었다.

30. 몰입

암페어 법칙을 발견한 프랑스의 물리학자 암페어^{André-Marie Ampère}
는 연구실에 일단 들어가기만 하면 모든 것을 잊어버리고 연구에만
몰두했다. 그런데 그에게 찾아오는 손님이 너무 많아 고민이었다.

어느 날, 문 앞에 '부재중'이란 패찰을 달아 손님을 돌려보내는 방
법을 착안했는데 과연 효과가 좋았다. 그는 이것으로 손님에게 시
달리지 않고 연구를 계속할 수 있었다고 만족해했다.

며칠이 지난 뒤, 암페어는 중요한 약속이 있어 외출을 했다. 그렇
지만 그의 머릿속에는 어려운 물리 문제들만 가득 차 있었다. 외출
에서 돌아온 암페어가 집안으로 들어가려고 할 때 문 앞에 '부재중'
이란 패찰이 눈에 띄었다. '또 외출하고 없군, 할 수 없지, 다음에 오
는 수밖에.' 이렇게 혼자 중얼 거리며 암페어는 자신의 연구실을 되
돌아섰다.

암페어 André-Marie Ampère
지금은 전자기학으로 알려진 전기역학을 기초했으며 그 이름을 붙였다. 최초로 전기 측
정법을 개발한 그는 자유롭게 움직이는 바늘을 이용해 전류 측정 장치를 만들었다. 앙페
르 법칙이라고 불리는 두 전류 사이의 자기력을 수학적으로 나타낸 전자기 법칙을 정식
화했다.

31. 득과 실

"아침에는 상석에 앉았는데 저녁에는 감옥에 갇히는" 일은 정치 세계는 물론 일반 사람들 관계에서도 흔히 발생하는 일이다. 지혜로운 사람은 이런 상황에서 남고 싶으면 남고, 남고 싶지 않으면 일찌감치 몸을 털고 호랑이 입과 같은 정치계를 떠난다.

전국시기 종횡가이며 모략가인 장의張儀는 "강자와 연계하여 약자를 공격하는 전략"을 추진하다가 일단 자신에게 위험이 닥치면 "물러남으로써 전진하는 책략"을 이용하여 자신을 지켰다.

"동쪽이 밝지 않으면 서쪽이 밝고 남쪽이 어두우면 북쪽이 밝다"는 속담이 있다. 위험한 때에 한 걸음 물러나 잠시 피함으로써 적극적으로 눈앞의 이익을 포기하거나 노력의 방향을 전환한다는 뜻이다. 이렇게 하면 공격의 예봉칼끝을 피하며 곤경에서 벗어나는 것은 물론이고 다시 주도적인 위치에 설 수 있는 기회를 잡을 수 있다.

즉 저 쪽의 '득得'을 가져와서 이쪽의 '실失'을 메우고, 장기적인 이득을 얻기 위해 눈앞의 손실을 감내하는 것이다.

32. 링컨의 유화 기술

미국 대통령 링컨Lincoln은 시각적인 표현을 자주 했다. 그는 반대 의견을 제시할 때도 흔히 하듯 평범하게 말하지 않았다. 한번 들으면 잊혀지지 않을 한 토막의 글귀로 표현하곤 했다. "내가 누군가에게 말을 사오게 했다면 나는 그가 말 꼬리에 털이 몇 가닥이나 달려 있는지 보고하기를 원하는 게 아니오. 나는 그 말의 특징이 무엇인지만을 알고 싶은거요." 링컨는 갑으로 을을 깨닫게 하는 방법을 이용했지만, 을의 숨겨진 뜻을 분명하게 말하지 않았다.

완곡하게 자신의 본뜻을 전달했다. 길고 복잡하며 핵심 없는 한 보따리의 보고서가 아니라 말을 산 사람이 말의 특징만을 보고하는 것처럼 핵심만 정확하게 지적하기를 바란다는 것이다. 링컨은 이러한 에두르는 표현을 아주 능숙하게 사용하였다.

33. 만화영화의 선구자 월트 디즈니

월트 디즈니Walt Disney는 농촌 마을의 가난한 목수 아들이었다. 그는 어릴 때부터 그림에 소질이 있어서 틈만 나면 마을 언덕에 올라가 마을 풍경을 화폭에 담곤 했다.

얼마 후 디즈니의 가족은 대도시로 이사했다. 어느 덧 청소년이 된 디즈니는 용돈벌이로 신문배달을 하면서 신문만화에 눈을 뜨게 되었다. 그는 신문 만평을 그리는 만화가가 되고 싶었다.

디즈니는 오랜 노력 끝에 마침내 소원을 이룰 수가 있었다. 그토록 원하던 신문사 만화가로 취직한 것이다. 그러나 기쁨도 잠시, 그가 그린 만화는 날마다 담당 국장의 혹독한 비평을 받아야 했다.

"이길 그림이라고 그려왔어? 차라리 그만 두는 것이 어떤가?" 결국 디즈니는 신문사에서 해고되고 말았다.

평생직장이라고 생각하고 최선을 다했지만 일터에서 쫓겨나야

했던 디즈니는 엄청난 실의에 빠졌다. 그렇게 며칠이 지나도록 마음의 갈피를 잡지 못해 이곳저곳을 방황하던 그는 결국 그 옛날 자신이 자랐던 시골로 되돌아갔다. 그곳에서 디즈니는 낮에는 잡일을 하며 생계를 꾸렸고, 밤에는 교회의 어두컴컴한 지하창고를 빌려 그림을 그렸다. 쥐가 들끓는 지하창고의 어둠은 바로 그 자신의 모습이었다. 그래서인지 디즈니는 언제부턴가 밤이고 낮이고 창고를 뛰어다니는 쥐들을 따뜻한 시선으로 바라보기 시작했다.

그에게 쥐는 더 이상 징그러운 존재가 아니었다. 아무도 자신의 재능을 인정해주지 않는 도시에서 떠밀리듯 고향으로 흘러들어온 그에게 작은 생쥐들은 더없이 다정하고 친근한 벗으로 느껴졌다.

디즈니는 시골 마을의 초라한 지하창고에서 유일한 위안이 되어주었던 꼬마친구들을 화폭에 담기로 했다. 날마다 늘어나는 수 천 수 만 장의 쥐 그림들…… 바로 그 유명한 '미키 마우스'의 탄생이 되었다.

월트 디즈니|Walt Disney, 1901 - 1966
미국의 영화 및 텔레비전 제작자. 흥행업자. 만화영화의 선구자로 〈미키마우스〉, 〈도널드 덕〉 등 만화주인공을 탄생 시키고, 디즈니랜드를 창설했다.